Coleção - Exercícios de Leitura, Interpretação e Comunicação
volume 4

A Leitura como Ofício

Irene Scótolo (Org.)
Camila de Oliveira Sandre
Daiane Lima
Diego Satyro
Diomar Viegas
Juarez Donizete Ambires
Kal Prado
Kátia Aparecida Cruzes
Letícia Carlassara Pontes
Miriam de Souza Andrade
Sebastião Haroldo de Freitas Corrêa Porto
Terezinha Ferrari

Porto de Idéias
EDITORA

São Paulo, 2013

A LEITURA COMO OFÍCIO (volume 4)

Autores
Irene Scótolo (Org.)
Camila de Oliveira Sandre
Daiane Lima
Diego Satyro
Diomar Viegas
Juarez Donizete Ambires
Kal Prado
Kátia Aparecida Cruzes
Letícia Carlassara Pontes
Miriam de Souza Andrade
Sebastião Haroldo de Freitas Corrêa Porto
Terezinha Ferrari

Coordenação Editorial
Silvana Pereira de Oliveira

Diagramação e Capa
Otávio Oliveira Silva

Imagem da Capa:
François Bonvin. *Natureza morta com livros, artigo e tinteiro*, 1876.

Dados Internacionais de Catalogação na Publicação (CIP)
(Câmara Brasileira do Livro, SP, Brasil)

A Leitura como ofício / Irene Scótolo, (org.). --
São Paulo : Porto de Idéias, 2013. --
(Coleção exercícios de leitura, interpretação
e comunicação ; v. 4)

Vários autores.
Bibliografia.
ISBN 978-85-8061-057-4

1. Análise do discurso 2. Comunicação
3. Crítica de texto 4. Leitura 5. Linguística
6. Semiótica 7. Textos I. Scótolo, Irene.
II. Série.

13-11228 CDD-401.41

Índices para catálogo sistemático:
1. Comunicação nos textos : Semiótica : Linguística 401.41
2. Textos : Comunicação : Semiótica : Linguística 401.41
3. Textos : Leitura : Semiótica : Linguística 401.41
4. Textos : Produção : Semiótica : Linguística 401.41

EDITORA PORTO DE IDÉIAS LTDA.
Rua Perdões 101 – Aclimação
São Paulo – SP – 01529.030
Tel. (11) 3884-3814
portodeideias@portodeideias.com.br
www.portodeideias.com.br
twitter.com/portodeideias

SUMÁRIO

APRESENTAÇÃO

O ato de ler é um processo abrangente e complexo; é um processo de compreensão, de intelecção de mundo que envolve uma característica essencial e singular ao homem: a sua capacidade simbólica e de interação com o outro pela mediação de palavras. Por não ser uma atividade passiva, a leitura é resultado de sentidos.

Foi nesse contexto que a proposta de organização de uma coletânea de artigos acadêmicos surgiu, com a intenção de oportunizar ao outro o trabalho anterior de autores, que se desvela em forma de textos, convidando os leitores a construírem suas sequências de sentidos a partir dos índices que o sentido dos autores quis dar aos textos.

Neste quarto número da coleção, *A leitura como Ofício – exercícios de leitura, interpretação e comunicação*, reiteramos nosso objetivo de oferecer aos leitores um espaço para a reflexão e para o diálogo produtivo entre teorias e práticas. Assim, publicamos trabalhos de professores engajados no ensino e preocupados em contribuir para a produção de conhecimento.

Os oito trabalhos elaborados por professores e pós-graduandos abordam temas instigantes e reveladores da articulação entre a experiência cotidiana e pessoal representativa para cada um deles. O conjunto resultante revela a diversidade de assuntos e perspectivas metodológicas.

Nosso trabalho didático-pedagógico com a leitura tem por objetivo revelar aos leitores a importância que a relação entre texto e sentidos trará para seu desenvolvimento sociocultural. Nossa experiência profissional nos permite avançar no conhecimento e, assim, promover transformações, estimular a reflexão crítica, ampliar o entendimento sobre o mundo e promover o debate de ideias.

Acreditamos que os trabalhos que compõem este volume, cada um a seu modo, são a expressão profissional e pessoal dos autores com temas que lhes são caros, independentemente do viés teórico e analítico que tenham adotado.

Evolucionismo Social

Juarez Donizete Ambires

Para Profª Maria Antônia Dias Martins, com carinho amigo, respeitoso e agradecido.

I

O Evolucionismo científico começa com Darwin[1], e seu conteúdo provoca uma profunda mudança de mentalidade, de imaginário. A partir dele, o sentido de toda a vida existente passa a ser outro. Com ele, Deus não é mais o grande demiurgo, o criador de todas as coisas. Segundo os seus teores, a vida existente pode se resumir a uma palavra. Evolução é o vocábulo, e aos seus significados devemos recorrer, quando pensamos a existência de todos os seres, inclusive o homem. Tudo o que vive esteve e está em transformação constante, perene. Sobrevivem, contudo, aqueles que estão mais adaptados ou, na irmandade dos termos, aptos a continuar.

Assim, acreditando em evolução, os teores da ciência de Darwin trabalham com a ideia de parentesco entre os seres. Buscam ainda os ancestrais comuns. Apoiam-se na Paleontologia para tanto. Precisam do aval dos fósseis para lançar suas afirmações. Com isto, defendem o parecer de que as mudanças biológicas são datáveis. Noutros termos, atestam que é possível saber temporalmente quando a mudança virou regra. Deste modo, conseguem conversar com o presente biológico, mas também com o seu passado. Em diálogo com as fases, quebram a crença na circularidade. Na existência, nada é repetição. Tudo é novo e único e progressivo e transformação e seleção natural.

Na mesma linha de raciocínio, determinam os descendentes e, ainda, o ancestral comum. Acreditam que é possível chegar ao ser primário ou primeiro, origem de toda a vida. Tendo por base estes sentidos, atestam a passagem do tempo. Na sua vez, o mesmo tempo (que obrigatoriamente passa) referenda a Biologia. Em extensão, o tempo a que nos referimos se torna biológico. Todos esses princípios, na sua vez, dão outras dimensões à própria Biologia. Por isto, com Darwin e suas pesquisas, ela passa a ser a representação máxima da ciência e todas as outras ficam a ela circunscritas, tuteladas. À época, suas verdades contaminam e moldam vários outros teores. Eis, então, o porquê de, à ocasião, se falar em Evolucionismo Social.

A vasta cultura do Liberalismo (que descende da Liberdade forjada pela Revolução Francesa[2]) incorpora esses pareceres e eles se tornam a medida. Deste modo, para a História, por exemplo, a sociedade passa a ser *diagnosticada como organismo vivo*. A contaminação vocabular e metodológica é direta. A mesma circunstância afeta a todas as outras ciências. Desta maneira, o campo para a ação da Biologia e suas referências é amplo. Não se perca de vista que o século XIX é a centúria do nascimento das ciências modernas. A partir do episódio, "o verdadeiro conhecimento" é o científico e nada em contrário. Fora desta alçada, fica-se na magia, na superstição. O teor da civilidade, que antes fora religioso, agora é científico.

1. Charles Robert Darwin – 1809 a 1882. Sobre o biólogo, texto interessante é sua autobiografia. P/ cf. busque-se: DARWIN, C. R. *Autobiografia. 1809 – 1882*. Tradução de Vera Ribeiro. Rio de Janeiro: Contraponto, 2000.
2. Eclode em Paris no ano de 1789. É a maior das revoluções burguesas e o grande subsídio cultural da Modernidade, enquanto a Revolução Industrial é o econômico.

E porque tudo é ciência se se quer a seriedade, estrutura-se até mesmo uma ciência do homem. Ela se chama Antropologia, e vem irmanada aos teores da Biologia, como não o deixaria de ser. Assim, o humano não se explica mais pelo divino. O homem é também evolução, como todos os outros conteúdos do século XIX. Neste particular, a Teologia vê-se obrigada, ante a circunstância, a ceder parte do seu domínio. Ocupando-se de Deus, ela se ocupa dos homens, mas sua segunda função não mais se justifica. A sociedade presente torna-se efetivamente de domínio laico. É chegado o tempo da "velhice do padre eterno", como em sátira nos fala Guerra Junqueiro[3].

Para os novos teores de época, não somos matéria teológica. Somos seres biológicos, moldados pela matéria. Fomos e somos produzidos pela evolução. Para tal assertiva, a ciência ainda não encontrara fósseis humanos, mas vê sentido na correlação de ideias. Segundo ela, o tempo todo o circuito está sujeito à evolução. O homem não representa exceção à regra. Por isto, a contabilidade dos sete dias para a feitura do mundo está errada. Acreditar nela é ir contra a constatação científica. Devido a isto, nesta cena cultural a palavra de ordem está com os médicos. Entre eles, destacam-se os especialistas em Fisiologia. Entende-se, assim, o prestígio de Claude Bernard[4], fisiologista francês, nas rodas eruditas, nos jornais e no meio literário da época.

Com esta ênfase, a Biologia retira Deus de seu trono mais que secular. O divino torna-se manipulação de interesses humanos. Toda a forma de religião é engodo. A partir de agora e em frase celebérrima, "a religião" (qualquer religião) "é o ópio do povo"[5]. Deste modo, a Biologia passa a ocupar o lugar do divino. Definitivamente, cai por terra o conceito político-cultural de Razão Teológica de Estado. A razão assim caracterizada não mais existe. Ela pertence ao Antigo Regime e morre com ele. Em reflexo direto, todo e qualquer ramo do conhecimento afasta-se do teológico. A Igreja ressente-se do fato e põe-se na defensiva. Com o avanço do novo, ela se torna o bode expiatório do cenário cultural do século XIX.

As essências do Liberalismo encarregam-se do fato no episódio. Em nenhuma outra cronologia, contudo, os ataques são tão intensos à instituição e dando-se em frentes tão diversas. Na circunstância, para exemplo, mexe-se até mesmo em bases econômicas antigas da Igreja[6]. A busca da unidade italiana é, no caso, a gran-

3. Abílio Manuel Guerra Junqueiro – 1850 a 1923. Seu livro de poesia *A velhice do Padre Eterno* é de 1885. A primeira edição do escrito inova, porque traz ilustrações que se ajustam aos teores de alguns poemas. O tom satírico presente cria um contexto iconoclasta que se irmana, de algum modo e em nossa leitura, ao de *O crime do padre Amaro* (1875), de Eça de Queirós.

4. Claude Bernard – 1813 a 1892. Destaca-se pelo conhecimento em fisiologia (o funcionamento do organismo) e pela afirmação de que as doenças de um modo geral nada mais são do que anomalias ou distúrbios dos órgãos do corpo humano e não do espírito.

5. A frase é atribuída a Marx, mas é apropriação de conceito emitido por Hegel no seu *Crítica da Filosofia do Direito*. Com o empréstimo, Marx, tal como Hegel, quer afirmar que toda religião é alienante.

6. Os chamados Estados Papais, que foram confiscados na unificação, são doações que Pepino, o Breve, fez à Igreja ainda no século VIII.

de causa. Promovê-la diminui substancialmente as propriedades eclesiais na península. A criação do estado moderno italiano[7] surge, entre outros procedimentos, do confisco de bens religiosos. Foi a forma encontrada de se superar práticas ainda medievais em oposição à Modernidade, ao Estado laico e ao avanço capitalista. E neste procedimento, a história italiana não está sozinha. À época, acompanha-a na mesma atitude a alemã[8].

Noutra vertente, Razão e Teologia mais e mais se distanciam. Em verdade, tornam-se estruturas diametralmente opostas. Deus – o pai destituído – é destronado pelos filhos. A rebelião é de titãs, mas também edipiana. Na onda das destituições, outros rompimentos de teores marcam ainda o século XIX e também se ligam à afirmação da Modernidade. No episódio, o urbano supera ao rural; o bacharel das cidades, ao patriarca do campesinato; o psicólogo, ao padre; o ambiente escolar, ao domínio da oralidade. As ciências auxiliam os novos procedimentos. Oferecem certificações de que são superiores e as exigem de tudo o que pedir crédito. Por isto, não sem razão, neste episódio Kardec quer oferecer provas de que os espíritos existem[9].

Neste clima, as ciências, encabeçadas pela Biologia, depois das Revoluções Industrial e Francesa, se tornam o terceiro pilar da Modernidade em curso. O homem biológico (num Estado de mesma natureza) é um novo paradigma. Sua existência diferencia historicamente os homens. Há os homens do antes e os do século XIX. O homem biológico é uma dimensão que o passado não conheceu. Sua concepção põe abaixo, em tese, a aceitação da hierarquia social, presente no Antigo Regime. O novo conceito não se pauta em questões de etiqueta e nascimento. Com o fato, em princípio, não há homens superiores. Também em princípio, o biológico nos iguala.

Somente essas afirmações, entretanto, não são o suficiente para a aclamação total do novo homem. O novo conceito necessita de mais apoio, de outras justificativas. Por isto, no episódio, passa-se a falar nas ciências do homem ou nas ciências humanas. Não sem razão, em concomitância se instituem a Antropologia, a História, a Sociologia, a Psicologia. Ante elas, Deus não é mais o criador. O seu estado se altera. Ele também é criado, criatura, criação. Assim, nossas referências se modificam. Somos seres que têm uma história de evolução. Estamos na história e somos seus sujeitos, já que houve a solvência da Monarquia Absolutista. Moramos em sociedade, onde há as regras do social. Temos individualidade e não a podemos negar.

7. A criação do estado moderno italiano inspira a escrita de um dos mais ricos romances da literatura italiana. Trata-se de *O leopardo (Il gattopardo)*. P/ cf. busque-se: LAMPEDUSA, G. T. *O leopardo*. Tradução de José Antônio Pinheiro Machado. Porto Alegre: L&PM Editores, 1983. O herói (romântico) da unificação italiana é, na sua vez, Garibaldi que, antes da partida para a Itália, esteve no Brasil, lutando na Farroupilha (1835 a 1845), no Rio Grande do Sul.

8. A unificação alemã se dá por interesses de uma burguesia industrial e comercial e por ação militar prussiana. O general Bismarck é figura central neste processo.

9. *O livro dos espíritos*, de 1857, é, no caso, a nossa referência.

Na nova estrutura, então, mesmo o conceito de tempo é evolutivo. Noutros termos, o tempo é progressivo, progressão, progresso[10]. Marx defende o parecer. Sua teoria acredita no novo, na superação, na evolução. E o novo, na sua vez, conota algo necessariamente melhor. Sob esses auspícios, na nova cultura fala-se em futuro. Em verdade, ele, além de existir, pode ser previsto. Deste modo, poupar se torna à época um dos fortes traços da mentalidade burguesa. O futuro o exige. Não podemos chegar a ele desprevenidos. Na moralidade rearranjada das fábulas em evidência no episódio, devemos ser previdentes. Que o diga a cigarra que enfrenta as agruras do inverno, depois do verão em louca cantoria e displicência.

Em sua *Comédia humana*, Balzac[11] fala do hábito de poupar e o localiza nas classes sociais[12]. O novo comportamento, entretanto, não se restringe às camadas burguesas ou particularmente a alguns de seus representantes. Ele se torna de todos, até da aristocracia[13], outrora a perdulária, segundo a historiografia do pós Revolução Francesa. Nos novos tempos, o dinheiro é o novo respaldo. Conta bem menos o prestígio associado às circunstâncias de nascimento. Ser filho de conde, para exemplo, não nos impede de conhecer a expropriação e a miséria. Ante o bolso vazio, a genealogia significa pouco ou nada. Por isto, os que nunca se ocuparam têm de trabalhar. Esta é a condição. A honorabilidade – se alguma vez existiu – está nisto.

No mundo biológico, Darwin ainda propõe que este homem preocupado com o futuro é apenas um graveto da árvore da vida. Mesmo com todos os seus predicados, ele não é o centro da existência ou da criação. Não goza, por isto, de privilégios naturais. Esteve e sempre estará à mercê da evolução. Seus parentes biológicos mais próximos são o chimpanzé e o gorila. Eles e nós, os humanos, temos um ancestral comum. Na sua vez, a geografia de origem de todos estes fatos e expressões de vida é a África. Os hominídeos vêm de lá, como também o *homo erectus* e, posteriormente, *o sapiens*. O biólogo inglês ainda defende o parecer de que a espécie humana é uma só.

O mesmo quadro físico e as mesmas emoções, segundo ele, igualam os homens da atualidade entre si; provam que todos são *sapiens*. Assim, os progenitores europeus não são superiores aos africanos. É a conclusão de Darwin que, com o parecer, se põe contra os racistas de sua época, tornando-os, além da Igreja, seus inimigos. Sua tese evolucionista, publicada no ano de 1857[14], sofre, entretanto,

10. Sobre o assunto leia-se Nisbet. P/ cf. busque-se: *História da ideia de progresso*. Tradução de Leopoldo José Collor Jobim. Brasília: Editora da Universidade de Brasília, 1985.

11. Honoré de Balzac – 1799 a 1850.

12. O pai de Eugénie Grandet, personagem do romance homônimo, é a figura do parcimonioso que chega à avareza.

13. Em seu mais recente lançamento, Mary del Priore remete-nos a este fato em referências ao Conde d'Eu. P/ cf. busque-se: PRIORE, M. *O castelo de papel*. Uma história de Isabel de Bragança, princesa imperial do Brasil, e Gastão de Orléans, conde d'Eu. Rio de Janeiro: Rocco, 2013, p. 69.

14. Trata-se de *A origem das espécies (On the origin of species)*, cuja sexta edição, que é a de título contraído, é de 1872.

apropriações. Os adversários utilizam-na para negativamente diferenciar os humanos. Manipulada, ela embasa o falso argumento da inferioridade de negros e mestiços e compõe o repertório de justificativas para a partilha da África. Nesta vertente, o evolucionismo é associado às teorias racistas que tentam se mascarar de ciência para dar fidelidade às suas absurdas afirmações.

II

A associação à qual nos referimos está ocorrendo também na segunda metade do século XIX. A palavra de ordem dos racistas é *eugenia*. Segundo eles, há uma superioridade racial e quem a possui são os brancos. Por isto, o espaço de melhor acolhida desta concepção é a Europa Nórdica. Primeiramente, são os suecos e alemães que com ela se envolvem. Nesses países, o conceito de eugenia ganha as universidades, mas também se torna corrente entre os menos letrados. À medida que exalta o orgulho de se ter sangue nórdico, difunde a ideia de que a inferioridade está com os grupos que não o possuem. Deste modo, deve-se evitar a miscigenação. Ela pode causar (causa) a ruína de um povo.

Mesmo entre os povos tidos por brancos há diferenças. Os Ibéricos, por exemplo, estão aquém dos nórdicos. Conheceram a mestiçagem, praticaram-na. Carregam, de alguma forma, a degenerescência. Com judeus, árabes e negros as uniões aconteceram. Assim, a eugenia dá um destino preconceituoso à Biologia que, por meio de algumas de suas representações, passa a defender a higiene racial. As populações e os indivíduos tidos e havidos por inferiores devem ser impedidos de procriar. A reprodução de inferiores barra o processo evolutivo. A mesma eugenia assume, com isto, a tarefa de garantir o futuro. Envolvendo-se com as teorias nefandas da limpeza racial e social, enseja, anos após, o nascimento do Nazismo e seus malefícios.

A história do século XX permitirá que se veja a extensão destes males. A Segunda Guerra Mundial é a maior expressão deles. Antes de sua eclosão, entretanto, as teorias racistas chegam à América do Norte e à União Soviética e, nesses espaços, conseguem adeptos. Muitas autoridades de governo cedem ante o fascínio doentio de um mundo eugênico sob controle de brancos de matriz nórdica. O cientista Charles Devenport torna-se o pai da eugenia nos Estados Unidos. Para a defesa do padrão eugênico branco, a Antropologia é cooptada. A fotografia, na sua vez, se torna instrumento de trabalho para coleta e observação de dados[15].

Em muitos laboratórios, o corpo humano é observado em seus mínimos detalhes. Quais são os traços da eugenia positiva? Quais são os da eugenia negativa?

15. O papel da fotografia nesta peculiaridade é explorado por Schwarcz. P/ cf. busque-se: SCHWARCZ, L. M. *O espetáculo das raças*. Cientistas, instituições e questão racial no Brasil. 1870 – 1930. São Paulo: Cia. das Letras, 2004.

Crânios são medidos, tal como o volume das massas encefálicas. A boa eugenia tem contornos que precisam ser apreendidos, transformados em modelos da perfeição a ser reverenciada. Fora deles, fica-se no domínio do mórbido, da má hereditariedade que deve ser controlada. Para tanto, se for necessário lança-se mão da intervenção militar. Os elementos puros e superiores, tal como as raças às quais pertencem, devem ser protegidos dos elementos inferiores e de suas raças. Por isto, o espaço social também se torna marcial e genético.

III

Nesta linha de correlações, vê-se o futuro do Brasil, para exemplo, como algo sombrio. Em verdade, segundo os valores da eugenia nórdica, para ele não há perspectiva de futuro ou de desenvolvimento. Sua estrutura genética nega-lhe as perspectivas da superioridade. O projeto nacionalista de 1822 fala em mestiçagem e o país ancora sua economia no braço negro e escravo. Como esperar o positivo desta história e quadro genético? Gobineau, diplomata francês, chega a dizer, em sua estadia no Rio, que D. Pedro II é um homem triste, porque é o único louro de olhos azuis em todo o país[16]. No cotidiano, o contato com o negro e, segundo a tradição preconceituosa, as sevícias típicas de sua raça desfibram o branco, diminuem-lhe o poder de liderança.

Entendem-se, assim, os altos investimentos brasileiros para a vinda de imigrantes brancos. A proibição definitiva do tráfico em 1850 e o crescimento da economia cafeeira explicam em parte a atitude, mas não todo o esforço. Ele também se justifica no interesse de branqueamento da população do país. As elites políticas e culturais apoiam a postura. A eugenia positiva está com os brancos, como já se disse, mas, entre nós, mesmo que estes não sejam nórdicos[17]. Em sintonia de exclusão, por conseguinte, permanecem negros e mestiços. A seu favor não se propõem políticas de elevação social. Preparação escolar, aprimoramento profissional são sugestões que não estão em nenhuma pauta legislativa do segundo império[18].

A política republicana em nada se altera em relação a isto. Ao contrário. Sabe-se que Rui Barbosa queima vasto arquivo sobre a escravidão. A desculpa é a de

16. Joseph Artur de Gobineau – 1816 a 1882. É um dos defensores das teorias racistas. Um dos primeiros trabalhos sobre eugenia e racismo é de sua lavra. Chama-se *Ensaio sobre a desigualdade das raças humanas*, e é de 1855. "Não creio que viemos do macaco, mas creio que retrocederemos a esta condição com a mestiçagem" é frase que se atribui ao diplomata francês.

17. Joaquim Nabuco é, como se sabe, militante pela abolição da escravatura. Entretanto, quando pensa a mão de obra substituta para a lavoura, fala sempre em europeus. Indispõe-se à ideia do recebimento de chineses. Com algum preconceito, acha o elemento mongol estranho à nossa formação.

18. Para vender-se ao exterior a imagem de uma escravidão branda entre nós, desenvolve-se, na segunda metade do século XIX, o gosto pelas coleções de postais fotográficos. Os negros retratados são, em sua maioria, escravos domésticos e urbanos. Eles pousam em estúdios, nos quais são arranjadas cenas de enquadramento. Nas fotos, o olhar do escravo é muito revelativo, pois sempre tocado de tristeza e timidez. Christiano Jr., para exemplo, é fotógrafo que, no Rio de Janeiro, se destacou neste trabalho.

que é preciso apagar a memória da nefanda instituição, como se isto fosse atitude fraterna para com os remanescentes do cativeiro. Imbuídos da mesma ideia, há à época escritores que acham difícil associar a república recém-proclamada a mazelas que pertencem ao império e só a ele. A população livre oriunda da abolição é a principal delas. A política republicana quer ocultar os negros[19]. A grita, quem a dá é Lima Barreto[20] em diversos episódios de sua obra[21] e no início do século XX. As teorias racistas o indignam profundamente e ele é um inconformado com a credibilidade que recebem.

Em seu *Diário íntimo*, o autor se expressa quanto ao fato. Fala também do quanto gostaria de ver revertido todo um processo histórico. Para tanto, ele alega a necessidade de se escrever uma história do negro no Brasil. Afirma ainda a necessidade de se explicitar o seu trabalho civilizador nas terras para as quais foi exportado. Neste aspecto, seu pensamento em parte se iguala aos de alguns políticos do império. Para vários destes, o negro trouxe vida e civilidade aos desertos do Brasil, o que não lhe delegaria, contudo, o natural direito à cidadania. Na hierarquia social, o seu lugar era o de escravo e não outro, apesar do estatuto de civilizador. Há ainda a ideia de que o tirar da África foi favor, pois o distanciou de práticas pagãs e guerras fratricidas[22].

O padrão cultural vê, como se disse, negros e híbridos como inferiores. Mestiçagem, somente com gerações sucessivas de brancos. No cenário cultural, permanece vitoriosa a ideia da superioridade caucasiana e branca. Mesmo que os brancos não sejam os nórdicos, o jovem país se eleva com a chegada de europeus imigrantes. À medida que avançamos para o século XX, nossos institutos históricos e geográficos fazem a defesa do fato. As faculdades de medicina, também[23]. As afirmações de médicos dessas unidades de ensino, para exemplo, atestam a superioridade branca[24]. Fora deste padrão racial, os seres estão mais propensos a deturpações de toda sorte.

A tese engloba a corrupção moral e a física e, nesta chave de leitura, toda eugenia que envolva a negros e mestiços é negativa. Eles, por isto, estão mais propensos à mentira, à preguiça, ao roubo, aos dolos de toda a natureza. Em sua constituição, são ainda seres mais suscetíveis ao álcool e à loucura. Devido à fatalidade biológica que os cerca, seu histórico também comporta a lubricidade doentia,

19. Sobre o fato leia-se a crônica de Valentim Magalhães, escrita em 1893 e publicada no jornal *A Semana*, do Rio de Janeiro.

20. Afonso Henriques de Lima Barreto – 1881 a 1922.

21. Sobre a indignação de Lima Barreto e os teores da exclusão na República Velha leia-se Carvalho. P/ cf. busque-se: CARVALHO, J. M. *Os bestializados*. O Rio de Janeiro e a república que não foi. São Paulo: Cia. das Letras, 1992.

22. Ainda no século XIX se pensa assim. À altura, muitos também acham que a escravidão é natural. Para eles, paira sobre os negros a merecida maldição do ancestral Cam, o filho de pele escura de Noé que desrespeita ao pai, comentando de modo jocoso sua nudez e sua embriaguez.

23. A afirmação está contida em Schwarcz. P/ cf. busque-se a indicação bibliográfica da nota 15.

24. Entre eles, encontramos, para exemplo, Nina Rodrigues – 1862 a 1906 (Faculdade de Medicina da Bahia); Miguel Pereira – 1871 a 1918 (Academia de Medicina do Brasil); Azevedo Sodré – 1864 a 1929 (Faculdade de Medicina do Rio de Janeiro).

os desatinos da histeria. Falta-lhes uma concepção cartesiana de vida. Até mesmo suas formas de religião são deturpadas. O circuito histórico não lhes permitiu um Deus abstrato e único. Estão, assim, distantes de um padrão religioso judaico-cristão que é o verdadeiro e deve ser o propagado até mesmo pelo Estado, apesar da proposta de república laica entre nós.

Por isto, não sem razão, em fins do século XIX e inícios do XX, as religiões de matriz africana estão oficialmente proibidas aqui. Elas são um produto legitimamente brasileiro, mas sem o aval de nossas autoridades. O candomblé, para exemplo, é produto de nossa cultura e somente dela[25]. Contudo, entre nós, seus praticantes são infratores. Deste modo, nas batidas policiais, os objetos de culto são apreendidos e vistos como prova de crime. Não há entre as autoridades constituídas a ideia de que um terreiro seja um espaço do sagrado. Curiosamente, à época o lugar de depósito das provas confiscadas é o Instituto Médico Legal que, em muitos casos, é dependência de delegacia.

No episódio, entretanto, a perseguição a tudo o que não é o padrão dominante não se restringe a essas referências. Ela vai além. Neste percalço, o negro não está sozinho. O ideário da eugenia se alastrara e estava por trás de muitas outras expressões racistas ou de preconceito. A primeira visão de Monteiro Lobato[26] acerca do caipira é prova do fato. Ele – o caipira (o mestiço de branco com índio) – é o indolente, o preguiçoso[27]. Na história de nossa agricultura, é quem mais se guia pela lei do mínimo esforço. O fogo devastador é a sua marca. As florestas e a fertilidade do solo não resistem à sua passagem. Sua existência, por isto, não é civilizadora, mas sim barbarizante.

Na circunstância, é necessário certo tempo para que Lobato modifique sua visão. A consciência só lhe chega com a luta que trava para a concretização de ideias de trabalho. Seu projeto central é nacionalista e visa a pensar um Brasil que supere sua apatia e seu subdesenvolvimento. Deste modo é que passa a ver o Jeca – o caipira nomeado – como vítima de uma biologia que, na sua vez, é produto de uma longa história de exclusão. Fora disto, não há outras verdades. E a superação se prende a uma proposta que reúna atitudes inspiradas no exemplo americano. A nós, contudo, falta, na leitura de Lobato, o ingrediente central: quadros de uma burguesia nacionalista que abracem a responsabilidade do progresso e, na extensão, o novo.

Entre nós, a Biologia eugênica ainda se pronuncia em outros intérpretes do Brasil. É o caso, para exemplo, de Paulo Prado[28] com o seu *Retrato do Brasil*, de 1928. *Ensaio sobre a tristeza brasileira* é o subtítulo do escrito e, em síntese, ele bem revela o teor da obra. Para o autor, a marca de nossa gente é a tristeza. Todos a

25. Esta concepção é contemporânea. À época, acreditava-se que o candomblé teria vindo diretamente da África.
26. José Bento Renato Monteiro Lobato – 1882 a 1948.
27. O caipira a que Lobato faz referências é o do Vale do Paraíba, espaço de origem do escritor.
28. Paulo Prado – 1869 1943.

carregamos e ela é atávica, isto é, veio-nos por herança genética. E nada em contrário poderia se esperar para um povo que traz em sua composição o rebotalho, os segmentos rejeitados da sociedade portuguesa. A colonização do país se faz por escravos, mas também por bandidos, prostitutas, salteadores. Para cá, vem a escória, tudo o que a metrópole rejeita e do qual quer se livrar. Como esperar, então, grandeza de substrato tão amesquinhado?

Já Oliveira Viana[29], na sua vez, exalta o elemento branco em nossa formação. O sociólogo acredita em uma eugenia ariana e a defende. Em verdade, no seu *Populações meridionais do Brasil*, de 1918, defende a presença de brancos na ordenação do mundo rural do nosso centro-sul. Poucas são suas referências à mestiçagem, mesmo aquela entre brancos e índios que o Romantismo exaltou. Em sua avaliação, o bandeirante é um herói branco e um representante da civilização. A colonização deu-se sob a sua égide. Oliveira Viana fala em aristocracia rural do centro-sul. Acredita em hábitos fidalgos e fecha-se quanto às possibilidades positivas de um ambiente mestiço.

Acreditamos, então e por isto, que, se vivo, ele muito se indisporia com os resultados da pesquisa do historiador John Monteiro[30]. Em *Negros da terra*[31], os teores das afirmações são outros. Em meio à população colonial paulista, índios e mestiços são a maioria. O bandeirante fidalgo de Viana, em verdade, é um mestiço de sangue e um índio de hábitos. O fato, entretanto, não impediu que São Paulo fosse o celeiro da América Portuguesa[32]. Sob a direção do paulista mestiço, desenvolveu-se, na capitania, uma grande economia agrícola e pastoril. Sua responsabilidade é a de abastecer com gêneros de subsistência a toda a colônia. Mesmo a produção dos gêneros que se enviam à África para o tráfico, à época, tem parte consistente de sua origem em São Paulo.

Esta situação tão favorável, todavia, não é vista pelos evolucionistas eugênicos de nossa intelectualidade, entre os finais do século XIX e o início do XX. Em verdade, aos olhos deles ela não é possível. De raças inferiores e de mestiços nada de relevante se pode esperar. Um país de mestiços, como já se disse, é uma geografia de degenerados. Mesmo aqueles que o dirigem – em tese, brancos legítimos – podem ser tocados pela tragédia da má eugenia. É o que por muito tempo se pensou, antes de a Princesa Isabel e o Conde d'Eu gerar seus herdeiros. Escritos de época dizem que a família imperial fora visitada pela fatalidade[33]. Isabel seria estéril e teria vitimado com isso a família, a monarquia, o Brasil. Em tempo, contudo, a maternidade reverte o pesadíssimo legado, até então tido por natural e certo.

29. Francisco José de Oliveira Viana – 1883 a 1951.

30. John Manuel Monteiro – 1956 a 2013.

31. P/ cf. busque-se: MONTEIRO, J. M. *Negros da terra*. Índios e bandeirantes nas origens de São Paulo. São Paulo: Cia. das Letras, 1995.

32. Esta imagem da Capitania de São Paulo como celeiro da colônia nos remete à cronologia dos séculos XVII e XVIII, segundo a tese de John Monteiro.

33. O remetimento é a escrito dos anos 1870, publicado no jornal *A República*. P/ cf. busque-se a página 140 da indicação contida na nota 13.

Pelo viés da eugenia negativa, também outros brancos são medidos. A casa de Bragança passa, em Portugal, por pesada filtragem, por pesado julgamento. A geração de 70[34] a vê como inábil e sem pendores para o comando. Segundo ela, os reis de Bragança são espectros ou mortos-vivos. Seus reinados são flagelos para Portugal. Culpa, bastardia e pusilanimidade dominam sua realeza e postura. Os casamentos consanguíneos teriam esvaído a fibra e a verve dos descendentes da família. Ante a dinastia de Bragança, os portugueses anseiam pelo príncipe perfeito (o último fora D. João II, no século XV), figura tão cara ao imaginário do antigo regime.

A historiografia liberal portuguesa, representada por Oliveira Martins[35], também não condescende em seus julgamentos. A *História de Portugal* escrita por ele é explícita apologia aos reis da casa de Avis. Com estes, Portugal conhece a glória e chega ao seu ápice. As bênçãos vêm de Nuno Álvares Pereira – o cofundador da dinastia – e seu exemplo de coragem. Já com aqueles, conhece o sentimento da perda, do amesquinhamento e da vergonha desde a chegada da família ao poder[36]. O mesmo sentimento da vergonha mais se acentua com a fuga aos franceses no início do século XIX e a histórica subserviência à Inglaterra.

Com a perda do Brasil em 1822, abre-se um vazio econômico e existencial na história portuguesa. Ao longo de todo o século XIX, a situação só se faz agravar. A política econômica é muito dependente da inglesa. Em substituição ao Brasil independente, estabelecer domínios efetivos na África demanda recursos que a nação não possui. Com isto, a efetivação do sonho do terceiro império se distancia. Paralelamente, o poderio bélico inglês e o seu avanço abarcador na África impedem a ligação pretendida entre Angola e Moçambique pelo interior do continente[37]. À altura, o sentimento nacional de impotência é intenso e a culpa é biológica, mais que histórica. Os portugueses são um povo de má compleição e negativa eugenia, e sua família imperial é expressão suprema do fato.

Este sentimento, entretanto, não os impede de se sentirem superiores aos africanos. O continente negro existe para ser submetido. Os homens da raça negra são incapazes de, sozinhos, atingir a civilização. O português pode ter sucumbido ante a eugenia inglesa, mas não ante a de nenhum povo africano. O mesmo Oliveira Martins endossa a afirmação, propondo uma ação exploratória e civilizadora

34. Antero de Quental, Ramalho Ortigão, Eça de Queirós, Oliveira Martins, Guerra Junqueiro e outros a constituem.
35. Joaquim Pedro de Oliveira Martins – 1845 a 1894.
36. A chegada da Casa de Bragança ao poder dá-se com a Restauração de 1640. Já sua retirada ocorre em 1910 com a proclamação da República em Portugal. Quanto ao "sentimento da perda" que, à época, é marca do caráter português, leia-se *Pátria*, poema dramático (1896) de Guerra Junqueiro, um verdadeiro escalpelo naturalista.
37. A máxima irônica, à época, dizia que, para os ingleses, somente a faixa do interior do continente que vai da Cidade do Cabo à do Cairo. O *Ultimatum* inglês de 1890 é o documento que expressa as ordens de proibição ao avanço português pelo interior do continente. Leitura sobre o fato recomenda-se a de Coelho. P/ cf. busque-se: COELHO, M. T. P. *Apocalipse e regeneração*. O Ultimatum e a mitologia da pátria na literatura finissecular. Lisboa: Edições Cosmos, 1996.

sobre a África de posse lusitana[38]. Propõe ainda uma concentração de forças em Angola. A riqueza expressiva do território merece atenção[39]. Portugal torna-se, assim, um dos signatários da Conferência de Berlim (1884 e 1885) que quer uma divisão da África, no pressuposto da superioridade eugênica de brancos e europeus.

O Naturalismo, na sua vez, surge em meio a essa efervescência de ideias, na Europa e em outras geografias. Por isto, não se torna sem razão o seu gosto pelo homem biológico, pela linguagem científica. Para o movimento artístico, a sociedade deve ser lida pela Biologia. Nas páginas desta literatura, o humano é apresentado como meio social e principalmente como herança genética. Ante esta, o homem cultural fica obliterado. Nada é superior à carga biológica que se porta. A fatalidade é o fim daquele cuja composição genética é tida por negativa, inferior, degenerada[40]. Explica-se, assim, o apego da estética a termos como *determinismo e hereditariedade*.

IV

A matriz de nosso Naturalismo é a França. Os romances de Émile Zola dão-nos a deixa, o tom desta escrita. Neles é que se inspiram nossos escritores que se sentem atraídos pela Estética Naturalista. No caso, não se deve negar que também o Naturalismo português nos tocou. Eça de Queirós conheceu prestígio entre nós. *O crime do padre Amaro* e *O primo Basílio*[41] aqui foram lidos e com entusiasmo. No Rio de Janeiro, chega a haver adaptações do segundo romance para o teatro[42]. O Naturalismo já acontece em língua portuguesa antes das manifestações brasileiras. No Brasil, elas são mais consistentes entre os anos 1880 e 1890[43].

Deste modo, estão ocorrendo simultaneamente ao Realismo, movimento com o qual dialogam. Aluísio Azevedo é, entre nós e em nossa leitura, sua me-

38. Oliveira Martins e outros contemporâneos são racistas. Em Portugal, Raul Brandão, pouco depois, também o é e assim se expressa. Cabe ainda lembrar que, para a historiografia de O. Martins, "a sociedade é um organismo vivo", seguindo-se as influências da Biologia no episódio, já mencionadas.

39. Sobre o assunto leia-se Oliveira Martins. P/ cf. busque-se: OLIVEIRA MARTINS, J. P. *Portugal em África*. A questão colonial. O conflito anglo-português. 2. ed. Lisboa: Guimarães & Cia. Editores, 1953. A primeira edição do livro é de 1891, um ano após o *Ultimatum* dos ingleses.

40. Na literatura portuguesa, Lavos (personagem de *O barão de Lavos* – 1891 – do naturalista Abel Botelho) é a degeneração emblemática. Nele, a homossexualidade é patologia social e impede que o homem seja industrioso. Em seu fim, a sífilis o devora, sem hipótese de remissão, enquanto o Cais do Sodré é a Sodoma de Lisboa.

41. As obras mencionadas são, respectivamente, de 1875 e 1876.

42. O gosto por Eça entre nós, à época, é fato digno de nota. P/ cf. busque-se: FARO, A. *Eça e o Brasil*. São Paulo: Ed. Nacional, 1977. Gilberto Freyre, em *Ordem e progresso*, de 1956, afirma que, no início do século XX, a popularidade do escritor português entre nós é maior que a de Machado.

43. A produção naturalista no ano de 1888 é expressiva: *A carne*, de Júlio Ribeiro; *Cenas da vida amazônica*, de José Veríssimo; *O ateneu*, de Raul Pompéia; *O cromo*, de Horácio de Carvalho; *O lar*, de Pardal Mallet; *O missionário*, de Inglês de Sousa.

lhor representação. Ao escritor devemos uma grande trilogia naturalista. *O mulato* (1881) é o primeiro dos romances deste conjunto. Já *Casa de pensão* (1884), o segundo e *O cortiço* (1890), o terceiro. O romance realista da vertente machadiana, entretanto, ultrapassa-os em complexidade. O seu poder de sondagem psicológica firma um legado que se faz recuperar em narrativas futuras. O mesmo não se dá, porém, com nossa representação naturalista. No Brasil, ela é, no seu geral, de ordem mais estética que política e erra por alguns excessos. É o caso de *A carne* (1888), de Júlio Ribeiro[44].

O uso nem sempre bem medido do materialismo cientificista causa exageros. Não há espaço para o espírito, para o mistério, para a fragilidade humana sem o rótulo de doença. Em compensação, soçobra o pessimismo. Temendo o antipositivo, a estética chega a radicalismos[45]. O fato, porém, não diminui a qualidade literária da escrita de alguns autores do movimento entre nós. O que não permite a eles são os discípulos. No caso, Aluísio é o exemplo maior desta verdade. Trata-se de um grande escritor, mas sem seguidores. Foi, entretanto, apreciado por muitos, e essa peculiaridade se deve à sua capacidade de entrelaçar estruturas. Sua literatura bem dialoga com a realidade circundante. Ela nos permite visualizar com pormenores segmentos sociais na luta cotidiana pela sobrevivência.

Sua trilogia é bom exemplo desta capacidade e *O cortiço*, o mais bem-sucedido dos seus trabalhos. Por meio do seu enredo, estamos na corte, mas andando por sua periferia. Com isto, em cena avistamos os segmentos mais populares e os seus espaços de ação. O cortiço e os seus arredores são estes lugares e por eles transitam gente de todas as procedências. Em cena, estão portugueses, negros, mulatos de muitos matizes, brancos pobres, aventureiros. Transitando, há, naquele meio, as profissões mais diversas. Ali se encontram lavadeiras, engomadeiras, quitandeiras, pedreiros, ferreiros, alfaiates, ambulantes, biscateiros, capoeiras e outros, em busca do sustento diário. E dando vida à capital, mostram as contradições sociais e o modelo excludente de que fazem parte.

Em espaço densamente habitado, aprendem a conviver com a falta de privacidade, com os magros recursos, com as doenças endêmicas que a muitos vitimam. São, entretanto, sobreviventes, ora parte do operariado, ora do lumpemproletariado, mas sempre sobreviventes. O cortiço, a moradia na qual muitos coabitam é, na sua vez, um símbolo de resistência. Ao mesmo tempo, apresenta-se como espaço de solidariedade. Em suas dependências, desenvolvem-se ainda a tolerância, a tragédia, a oposição às autoridades constituídas, o sofrimento sem a expectativa do recurso material conveniente. De modo indireto, seus moradores sabem que são o contraponto à vida dos bairros elegantes, das elites tão bem retratadas por

44. Júlio César Ribeiro Vaughan – 1845 a 1890.
45. P/ cf. busque-se: MOISÉS, M. *Pequeno dicionário de literatura brasileira*. 6. ed. São Paulo: Cultrix, 2001, p. 286 e 287.

Machado em sua literatura. São também o meio de ascensão de um senhorio que almeja ser barão e o consegue.

Teores desta densidade também se revelam no enredo de *O mulato*. Nesse romance, entretanto, explicita-se mais, em nossa leitura, o cientificismo. Nele, mais que no romance anterior, a degenerescência, a hereditariedade, o pessimismo marcam espaço e fazem uma vítima. Com sua presença, entretanto, a personagem central questiona a todo um sistema. Neste aspecto, há entre ele e Isaura – a personagem de Bernardo Guimarães – algum parentesco. Indiretamente, o mestiço pergunta qual é o seu lugar numa sociedade escravocrata[46], na qual a elite se pretende eugênica. Liberdade, diploma universitário, olhos azuis apenas o tornam mais deslocado ainda. Quem sou eu, ele indiretamente se pergunta. Qual a aceitação que têm de mim? Qual é, afinal, o meu pertencimento nesta estrutura social[47]?

A hereditariedade lhe dá a resposta. Mergulha-o em uma loucura ancestral que vem de sua mãe, fato contra o qual nos posicionaríamos em nosso mundo. Somos, entretanto, distantes no tempo, leitores da estética do Naturalismo. Passamos por um rompimento cultural. Nossos valores estão em discordância com os preceitos contidos no Evolucionismo de matriz eugênica. Não mais acreditamos no conceito de raças humanas[48]. O fato, todavia, não nos isenta da necessidade de conhecer as obras do Naturalismo produzidas entre nós. Aluísio, para exemplo, é um escritor que merece atenção, tal como os esforços positivos das ciências. A eugenia está superada, mas o homem biológico darwiniano, não.

Graças a isto, todos os dias a boa ciência nos ajuda a nos olharmos com mais atenção. Ajuda-nos também a nos conhecermos melhor e a assimilar novas ideias. A mais importante entre elas é a de que nossa relação deve ser fraterna com todas as formas de vida e particularmente com os outros homens.

46. "Posto em entre dois mundos conflitantes – o do negro, que ele rechaça, e o do branco, que o rejeita –, o mulato se humaniza no drama de ser dois, que é o de ser ninguém." P/ cf. busque-se: RIBEIRO, D. *O povo brasileiro*. 1ed. São Paulo: Cia. das Letras, 1995, p. 154.

47. Sobre *O mulato* interessante leitura é a de Almeida. P/ cf. busque-se: ALMEIDA, R. E. *A realidade da ficção*. Ambiguidades literárias e sociais em O mulato de Aluísio Azevedo. São Paulo: Alameda, 2012.

48. Contemporaneamente, o conceito de raça foi abolido pela Biologia. No Brasil, entretanto, ele permanece, usado pela Sociologia que o afirma necessário, quando se pensa a desigualdade entre os indivíduos, baseada no fenótipo. Neste caso, o termo "raça" é visto como construção social. P/ cf. busque-se: BRASIL. Ministério da Educação. *Orientações e ações para a educação das relações étnico-raciais*. Brasília: MEC, 2006, p. 222.

Referências

ALMEIDA, R. E. *A realidade da ficção*. Ambiguidades literárias e sociais em O mulato de Aluísio Azevedo. São Paulo: Alameda, 2012.

CARVALHO, J. M. *Os bestializados*. O Rio de Janeiro e a república que não foi. São Paulo: Cia. das Letras, 1992.

COELHO, M. T. P. *Apocalipse e regeneração*. O ultimatum e a mitologia da pátria na literatura finissecular. Lisboa: Cosmos, 1996.

DARWIN, C. R. *Autobiografia. 1809 – 1882*. Tradução de Vera Ribeiro. Rio de Janeiro: Contraponto, 2000.

MOISÉS, Massaud. *Pequeno dicionário de literatura brasileira*. 6. ed. São Paulo: Cultrix, 2001.

MONTEIRO, J. M. *Negros da terra*. Índios e bandeirantes nas origens de São Paulo. São Paulo: Cia. das Letras, 1995.

NISBET, E. *História da ideia de progresso*. Tradução de Leopoldo José Collor Jobim. Rio de Janeiro: Instituto Nacional, s/d.

OLIVEIRA MARTINS, J. P. *Portugal em África*. A questão colonial. O conflito anglo-português. 2. ed. Lisboa: Guimarães & Cia. Editores, 1953.

PRIORE, M. *O castelo de papel*. Uma história de Isabel de Bragança, princesa imperial do Brasil, e Gastão de Orléans, conde d'Eu. Rio de Janeiro: Rocco, 2013.

RIBEIRO, D. *O povo brasileiro*. 1. ed. São Paulo: Cia. das Letras, 1995.

SCHWARCZ, L. M. *O espetáculo das raças*. Cientistas, instituições e questão racial no Brasil. 1870 – 1930. São Paulo: Cia. das Letras, 2004.

Considerações sobre a função do livro didático: uma análise discursiva do livro Top Notch

Irene Scótolo

> *Eu não falo a língua: a língua fala em mim.*
> *Pois o que pode ser opressivo num ensino não é finalmente o saber ou a cultura que ele veicula, são as formas discursivas através das quais ele é proposto.*
>
> Roland Barthes

Introdução

Há muito tempo, alunos, professores, sala de aula, metodologias, didáticas e técnicas de ensino têm sido pesquisados por estudiosos em diversas áreas ligadas à Educação. Entretanto, a relação entre os sujeitos envolvidos em uma aula, a relação desses com o material utilizado na classe e o que resulta desse relacionamento tem sido objeto de pesquisas na área de Linguística Aplicada.

Como professora de língua estrangeira no ensino superior, vivencio a realidade de uma sala de aula diariamente. Como participo efetivamente da construção da realidade em sala de aula e da formação dos sujeitos que serão futuros professores – observando problemas de toda ordem, buscando soluções para os questionamentos e anseios dos alunos, trazendo novos modelos de materiais, adotando livros –, decidi analisar de uma forma mais científica uma das ferramentas mais utilizadas em sala aula: o livro didático (LD).

Essa decisão está baseada no conhecimento de que os discursos e os sistemas de representação constroem os lugares a partir dos quais os indivíduos podem se posicionar e falar. As posições que assumem e com as quais se identificam constituem suas identidades. De acordo com Hall (1997), o sujeito constrói a compreensão que tem de si mesmo em contextos nos quais a linguagem e a cultura dão significado à experiência que este tem de si mesmo.

Um desses contextos é a escola: "agência social da cultura escrita", como afirma Meserani, (2001). É na escola, vista por Althusser como um Aparelho Ideológico de Estado responsável pela disseminação das ideias da classe dominante, que alunos e professores passam um longo tempo de suas vidas em contato com a fonte prioritária de conhecimento – o livro.

De acordo com as pesquisas já realizadas por Consolo (1990), Almeida Filho (1991), Carmagnani (1992), Grigoletto (1992), Cabral dos Santos (1993), Coracini (1995), Rufino (2002), o LD é muito eficaz no seu papel transformador de experiências para a construção do processo de ensino-aprendizagem de uma língua estrangeira, como também para a constituição do sujeito social.

Em face dessa constatação, este estudo tem por base a observação direta do LD com a proposta de desnudar seu interior, descrever suas regularidades, suas regras de funcionamento, seu poder de transformar um texto em um discurso ideológico e demonstrar os efeitos que exerce sobre os sujeitos na construção do processo de ensinar e aprender uma língua estrangeira.

Para realizar tal análise, trabalharei, então, com o livro didático de língua inglesa *TOP NOTCH: English for Today's World – Students Book*, produzido pela Pearson Longman Education, adotado pelo grupo de professores do Curso de Letras, no qual me incluo. De acordo com os autores – Joan Saslow e Allen Ascher –, o livro:

> Prepares students to interact successfully and confidently with both native and non-native speakers of English, both linguistically and culturally. English is treated as an international language, rather than language of a particular country or region. In addition, Top Notch helps students develop a cultural fluency by creating an awareness of the varied rules across cultures for: politeness, greetings and introductions, appropriateness of dress in different settings, conversation do's and taboos, table manners, and other similar issues.
> Carefully exposing students to authentic, natural English, both receptively and productively, is a necessary component of building understanding and expression. All conversation models feature the language people really use; nowhere to be found is "textbook English" written merely to exemplify grammar.

Situado, do ponto de vista teórico, na Análise do Discurso de Linha Francesa, que postula que a linguagem é constituída sócio-historicamente e que os sentidos de um discurso se constituem no seu exterior, este estudo tem como principais referências Michel Pêcheux, Michel Foucault e Mikhail Bakhtin. Para a análise e interpretação do LD, serão utilizados conceitos como texto, leitura, discurso, ideologia, poder, efeito de sentido e constituição de identidades.

Este estudo se justifica por promover uma reflexão sobre a prática do professor, uma conscientização do imperativo de aliar a necessidade do aluno à realidade da sala de aula e um aprofundamento em questões que envolvem as condições de produção de um livro didático.

Pretende-se, num primeiro momento, tecer algumas considerações, ainda que de forma breve, sobre a função do material didático (MD) e a relação que este estabelece entre o professor e o aluno.

Material Didático

Entende-se por material didático as "codificações de experiências potenciais com uma língua-alvo organizadas em unidades de trabalho" (ALMEIDA FILHO, 1993), acompanhadas ou não por notas, planos constantes do manual do professor, CDs, *sites* de acompanhamento, cadernos de exercícios etc.

Compõem o MD produzido e editado pela Editora Pearson/Longman para o Curso *Top Notch six level: Student's Book (Fundamentals / Top Notch 1,2,3 / Summit), Teacher's Edition and Lesson Planner, Copy and Go: ready-made interactive Activities for Busy Teachers, Complete Classroom Audio Program, Workbook, Complete Assessment Package with ExamView Software, Top Notch TV, Companion Website.*

Para fins deste trabalho, o *corpus* de análise foi delimitado ao *Student's Book* e ao *Teacher's Edition.*

Quando se pensa em MD, duas opções se apresentam para a realização da prática pedagógica: escolher, por meio de análise, entre os diversos materiais já disponíveis no mercado, ou produzir material novo, sob medida, que seja adequado às necessidades de determinada prática. É bom lembrar que seja qual for a opção escolhida deve-se levar em conta o fato de que esse MD será utilizado pelos sujeitos envolvidos tanto dentro quanto fora da sala de aula.

O MD não pode ser encarado apenas como uma questão de escolha do melhor (segundo a avaliação da editora, ou a avaliação pessoal e, em grande parte, intuitiva do professor). Também não pode ser entendido unicamente como a produção de um "material novo", o qual nada mais é, na maioria dos casos, a compilação de tudo aquilo que parece ser o melhor para cada classe ou série, na opinião do professor.

Há uma corrente de pesquisa científica que considera o MD um objeto de estudo, cuja produção e escolha devem ser orientadas por critérios teoricamente justificáveis. São estudos que se iniciam pela análise do MD em si mesmo e terminam pela observação do uso do MD em condições reais de ensino-aprendizagem.

No caso do ensino-aprendizagem de uma língua estrangeira, o MD é um dos grandes responsáveis pela motivação dos alunos. Ele é potencialmente influente na construção do processo. Souza (1995) argumenta que a influência do LD é potencializada pelo fato desse ser "tradicionalmente o principal mediador no ensino promovido pela instituição-escola". Por questões econômicas, o LD normalmente é a única fonte de material didático utilizado por professores e alunos nas escolas, afirma a autora.

Um outro aspecto interessante a respeito do poder do LD tem a ver com a maneira positivista que os historiadores assumiam no passado, ao abordarem os documentos históricos. Segundo Michel Foucault (1969), ao analisarem os documentos, os historiadores tradicionais indagavam o que os mesmos queriam dizer, se o que diziam era verdade ou não, ou, ainda, se eram autênticos ou não. De acordo com esse autor, os documentos eram tratados como a linguagem de uma voz que revelava as verdades do mundo, cabendo ao historiador decifrá-las. Souza (op. cit.) faz uma correspondência entre o pensamento de Foucault e o livro didático, afirmando que o LD tem sido entendido pelos educadores como um documento histórico depositário de um saber e de uma verdade a serem decifrados e transmitidos. Para tanto, é necessário alguém competente o suficiente para exercer esse trabalho – no caso do LD, o professor.

Exemplo disso pode ser encontrado na descrição da metodologia utilizada pelo *Top Notch* e nas diretrizes apresentadas ao professor no *Teacher's Edition and Lesson Planner:*

> Authentic, sourced reading texts. To lend interest, seriousness, and authentic practice, the Top Notch Student's Book contains a variety of texts from authentic sources. *Careful attention has been given to comprehensibility of these texts so that students are not frustrated. Source lines in the Student's Book show students they have the ability to cope with real-world material.* (Grifo nosso)

Outros exemplos:

> Conversation Model:[1]
> Have students look at the pictures at the top of the page. Ask what are the two people doing? (shaking hands, introducing themselves)
> If your students are not familiar with feijoada, tell them that it is a dish of sliced meats such as sausage and side dishes that include rice, beans, oranges, and hot pepper.
> Point out that the expression been to a place only occurs in the present perfect. It is a very common way of saying visited.

1. Top Notch 2. Teachers' Edition and Lesson Planner, Unit 1, Lesson 2, page T6.

Reading Warm-up - Culture Note:
Gestures vary from culture to culture. In most Western countries, "come" is a gestured palm up, but in many cultures this is considered rude and it is done palm down. In most Western cultures, it's OK to point at another person if he or she is not aware you are doing so, but not otherwise. In some Asian cultures, an open palm is preferred for indicating a third person. In Chinese culture, there are gestures for the numbers 6 through 10 using one hand.

Interaction – Culture notes:[2]
In the U.S. and Canada, a common excuse for lateness is "I'm stuck in traffic" or "I'm working late". A more general excuse is "I am running late" (I am behind the schedule), and it is acceptable as a way to inform someone that you won't be on time.
In English-speaking countries, when children meet and greet adults they don't know, they are expected to look them in the eyes and say hello. They may also shake hands. Depending on the formality of the relationship, children call adults by their title and last name (Mr. Anderson) or just by their first name (John).

A autoridade do Livro Didático

O fato de o LD ser entendido como o lugar de informações que devem ser decifradas e de verdades sacramentadas deu a ele o caráter de autoridade, de algo em que se pode confiar. Daí o que se conhece por mito da palavra escrita: se está escrito no livro é porque é verdade e se é verdade não se deve questionar. Assim, até hoje, a interpretação de um determinado saber é oferecida pelo LD como a única interpretação possível, como se não pudesse haver outras interpretações e outros sentidos para aquela informação. Esse modo de transmitir o conhecimento faz com que a interpretação a priori fornecida pelo LD seja aceita como universal, transparente, completa.

2. idem, Lesson 3, pages T8 e T9.

Exemplo de como a interpretação do aluno é dirigida pelo LD pode ser encontrado na descrição da metodologia[3] utilizada no *corpus* pesquisado:

> Reading warm-up: This exercise consists of a question or a series of questions that prompt students to star thinking about the topic of the reading. This process generates interest and aids understanding.
> Reading: All readings are based on authentic sources. When appropriate, the sources are identified. To avoid frustrating students at this level, we have had to simplify some of the language from the original sources, but we have taken great care to maintain the authentic character of the material. Students should be encouraged to understand the reading without looking up every new word in the dictionary. [...] Comprehension activities always follow the reading, sometimes in the form of straight factual questions or true/false activities or closes that demonstrate understanding of information or of vocabulary from the context. [...] After students read, ask questions or use activities that lead them to figure out the meaning of the new language and that help them to identify the essential information from the reading. Such questions and activities are provided in the Lesson Plan.
> Extra reading comprehension activities: If you want more extensive comprehension questions than the ones that appear in the Student's Book, you can print them out from the Teacher's Resource Disk. The Extra Reading Comprehension Activities contain both traditional comprehension and critical thinking questions.

Quanto a essa questão, Grigoletto (1999) chama atenção para o fato de que o LD contém um "discurso da verdade" que ilusoriamente se estabelece como o lugar da completude dos sentidos, lugar onde os sentidos são aprioristicamente estabelecidos pelo autor, com a finalidade de serem apenas reconhecidos e consumidos pelos leitores. É um discurso autoritário que transforma as verdades de uma instituição em verdades para todos.

Foucault (1969), afirma que o poder constrói saberes e estes fazem com que ele circule por todos os lugares, faça parte de todo e qualquer tipo de relações, inclusive das microrrelações. Esses saberes ou "efeitos de verdade" são responsáveis pelo modo de constituição de uma determinada sociedade.

3. Teacher's Edition and Lesson Planner. Concise methodology Txxiii.

Vale lembrar que a autoridade alcançada pelo LD – legitimada pelo sistema educacional – é que lhe dá o poder de influir na construção do processo ensino-aprendizagem e na formação do aluno como um todo. Logo, o LD exerce um poder sobre os professores e alunos. O LD também delega poder ao professor, pois é ele que está institucionalmente legitimado e autorizado a decifrá-lo.

Sendo o professor legitimado a decifrar as "verdades sacramentadas" contidas no LD, é pressuposto que ele seja capaz de dominar todo o conteúdo do LD e de oferecer à sociedade as respostas e os sentidos de tudo.

Assim, é esperado do professor que ele tenha competência, formação teórica e metodológica para lidar com o LD de modo a utilizá-lo corretamente.

Argumenta-se que este é um segundo fator que potencializa o poder de influência do LD. O professor que acredita ter tido uma formação precária, ou, ainda, sentindo-se inseguro, despreparado para sua atuação em sala de aula, vai buscar apoio no Manual do Professor (*Teacher's Edition, Teacher's Guide, Teacher's Manual*).

Ao optar por tal prática, o professor utilizará os textos, as atividades, as propostas, muitas vezes na íntegra, sem nenhuma postura crítica em relação às informações de caráter ideológico contidas no LD.

De acordo do Almeida Filho,

> Quanto mais precária a formação do professor, mais vulnerável se vê ele na obediência/dependência dos ditames expressos no (ou subjacentes ao) material de ensino. Um corolário ou decorrência lógica dessa asserção é que o material didático apresenta condicionantes nele mesmo que sugerem caminhos ou métodos ao professor e alunos. Isso afasta a ideia equivocada de que os materiais podem ser neutros bastando o professor saber o que fazer com eles. (ALMEIDA FILHO, 1994, p. 45)

Na série *Top Notch* não é diferente. Para todas as atividades há orientações quanto ao que deve ser feito, muito embora apareçam, muitas vezes, disfarçadas como "sugestões" ao professor e ao aluno, como pode ser visto nos exemplo dados a seguir.

Na descrição das principais características da abordagem *Top Notch*, estão presentes as seguintes informações:

a) para os alunos

> Top Notch uses a selection of topics and short practice language models that represent *the language adult students want and need to learn* – for professional, social, and travel situations. Systematic guided practice helps to make these essential models memorable and transferable to student's own lives.[4] (Grifo nosso)
> Learner-supportive instruction. The following features provide support to students learning from Top Notch.
> — Comprehensible directions: The Top Notch Student's Book contains simple directions that students can readily understand and follow. *Models and examples take any confusion out of what is expected*[5]. (Grifo nosso)

b) para o professor:

> The following *general methodology is recommended* for Top Notch. *Specific suggestions for teaching every exercise* of the Student's Book are given in the Lesson Planner beginning on page T2. Not that the extent to which you use these recommendations is up to you. *All suggestions may not be appropriate for all groups*, and you should tailor the lesson to reflect your own background, personal approach, training, and the specific needs of students[6]. (Grifo nosso)

> "Top Notch Interactions" – unique step-by-step discussion builders that *guarantee success for all learners*[7]. (Grifo nosso)

A linguagem do Livro Didático e a constituição dos sujeitos

Os estudos sobre linguagem, especialmente os que têm a teoria bakhtiniana como alicerces, definem a linguagem como um fenômeno social, histórico e ideológico. É o caso, por exemplo, da Análise do Discurso de linha francesa.

Para Bakhtin (1973), o enunciado produzido em um contexto social real e concreto consiste em unidade básica de análise linguística. Sendo a linguagem

4. Teacher's Edition and Lesson Planner. Concise Methodology, The Top Notch Approach, p. Txiv.
5. idem.
6. Teacher's Edition and Lesson Planner. Concise Methodology, Methodology for the Top Notch Course, p. Txvi.
7. Contracapa de todos os livros da série.

um fenômeno social e ideológico, há, então, inúmeras possibilidades de se atribuir novos significados aos mesmos elementos linguísticos em contextos novos.

Segundo o autor,

> A tarefa de compreensão não delimita a um mero reconhecimento do elemento usado, mas, pelo contrário, trata-se de compreendê-lo com relação a um contexto específico e concreto; trata-se de entender seu significado em termos de um enunciado específico, ou seja, trata-se de compreender o elemento em termos de sua novidade e não apenas reconhecer sua mesmice. (BAKHTIN, 2003, p. 282)

Bakhtin relaciona a linguagem com a construção do sujeito, o qual se constitui ouvindo as palavras e os discursos do outro, fazendo com que esses discursos sejam processados de forma a se tornarem, em parte, as suas próprias palavras, seu próprio discurso e, em parte, as palavras do outro.

Para a Análise do Discurso, conforme Pêcheux (1975, p. 60), o sujeito é constituído em sujeito pelos discursos que circulam e pelas ideologias presentes nesses discursos, as quais se inscrevem no inconsciente do sujeito e se refletem em suas posições sociais e em suas atitudes. Porém, esse sujeito esquece que é interpelado pela ideologia e passa a ter a "ilusão de que atribui sentidos às suas próprias palavras".

O sujeito, por estar imbricado em seu meio social, torna-se híbrido e em conflito com esses discursos todos que o circundam e o constituem.

Souza (1995) afirma que, de acordo com a perspectiva bakhtiniana, sujeito e linguagem se constituem em uma arena de conflitos, em uma força socialmente constituída impossível de ser desvinculada das questões de poder.

Desse modo, a sala de aula seria, na visão de Bakhtin, uma comunidade ideologicamente constituída por "discursos conflitantes cruzados por inúmeros vieses hegemônicos; uma arena de vozes e valores mutáveis e concorrentes" (SOUZA, 1995, p. 23).

Partindo dessas observações, pode-se dizer que a linguagem do LD não pode ser neutra, nem pode passar facilmente a ser uma propriedade do leitor. Não é possível a ninguém se apropriar da linguagem, dar a ela uma interpretação já posta, um sentido fixo. Isto por que

> O sentido de uma palavra, de uma expressão, de uma proposição, etc., não existe em si mesmo (isto é, em sua relação trans-

> parente com a literalidade do significante) mas, ao contrário, é determinado pelas posições ideológicas que estão em jogo no processo sócio-histórico no qual as palavras, expressões e proposições são produzidas (isto é reproduzidas). (PÊCHEUX, 1975, p. 160)

Vale lembrar que a ideologia apaga esse processo, daí a ilusão do sujeito de que ele é a origem do que diz e de que o sentido de seu dizer é único. É pelo apagamento das condições específicas de produção que o sentido surge como evidente.

O sujeito falante efetua uma identificação com a formação discursiva que o domina e "esquece" que é interpelado em sujeito pela ideologia, que retoma significados já existentes e, assim, se reconhece como a origem de seu dizer. Por esse mecanismo, o sujeito "esquece" que ele é apenas a função de uma formação discursiva ou ideológica.

O Livro Didático e os Discursos da Verdade

O LD reproduz, apoia e faz circular as verdades ligadas aos sistemas de dominação que constituem as formas de uma sociedade. Em *Microfísica do poder* Foucault ensina que

> cada sociedade tem seu regime de verdade, ou sua política geral de verdade: isto é, os tipos de discursos que ela acolhe e faz funcionar como verdadeiros; os mecanismos e as instâncias que permitem distinguir os enunciados verdadeiros dos falsos, a maneira como se sanciona uns e outros, os meios pelos quais cada um deles é sancionado; as técnicas e procedimentos valorizados na aquisição da verdade; os status daqueles que estão encarregados de dizer o que conta como verdadeiro. (FOUCAULT, 1979, p. 12)

O próximo exemplo, retirado do livro *Top Notch* 3, p. 46, é bem representativo dessa política de verdade de que fala Foucault.

Pode-se verificar que o texto se fundamenta no discurso científico, ou seja, passa a ideia do que é certo ou errado em relação às histórias em quadrinhos e fixa, através da representação de um super-herói americano, a noção de supremacia dos Estados Unidos da América.

A atividade de leitura "*Comics: trash or treasure*" (histórias em quadrinhos: lixo ou tesouro) vem acompanhada de duas figuras e de dois quadros explicativos contendo notas culturais.

A primeira refere-se às estórias em quadrinhos japonesas – mangás. O texto agregado ao desenho traz as seguintes notas culturais: *In Japan train station newsstands do a booming business selling manga during rush hour. And for true addicts, automatic vending machines that sell manga are everywhere.*[8]

A segunda nos mostra a figura do Super-Homem, em tamanho duas vezes maior que a figura do mangá, acompanhada das seguintes notas culturais: *Spider-Man is one of the most recognizable and celebrated comic superheroes. Fifteen million Spider-Man comics are sold each year in 75 countries and in 22 languages*[9].

Esse é um modo de produção do LD que funciona como um mecanismo de reforçar o discurso. A forma como os elementos representativos das duas culturas foram organizados na atividade são bem representativos do discurso imperialista e da supremacia dos Estados Unidos.

Nota-se, na página T47, como o LD tem o poder de delegar ao professor o poder de fazer com que determinados discursos circulem e sejam reforçados. Na atividade B – Pair Work – do Manual do Professor, encontra-se o diálogo abaixo como sugestão de atividade em sala de aula, como reforço da leitura feita.

Student A: What do you think of comics?
Student B: I think they're trash. The stories are so silly. Do you like them?
Student A: No, not really. I think they cause bad behavior.

Vale ressaltar que ninguém consegue ficar fora dos regimes de verdade, pois eles existem sempre, estão em todos os lugares e fazem parte da constituição sócio-histórico-ideológica dos sujeitos.

Ao contrário do que se imagina, esses "regimes de verdade" não são necessariamente negativos. Uma análise mais crítica desses regimes é válida na medida em que permite a identificação de alguns discursos e de certas práticas que podem ser perigosas, negativas ou com tendência a algum tipo de dominação.

O LD também tem sido considerado a morada de discursos que propõem a distinção entre o que é verdadeiro e o que é falso, de modo a reforçar uma interpretação já dada, como o exemplo exposto.

8. No Japão, bancas de revistas de estações de trem expandem seus negócios vendendo mangás na hora do *rush*. E para os verdadeiros viciados, máquinas automáticas que vendem mangás estão por toda parte.
9. Homem-Aranha é uma das histórias em quadrinhos de super-heróis mas famosos e célebres. Quinze milhões de revistas em quadrinhos do Homem-Aranha são vendidas a cada ano em 75 países e em 22 idiomas.

Essas atividades demonstram o modo de funcionamento do discurso do LD, o qual ao mesmo tempo em que autoriza e legitima alguns discursos, silencia outros, marginaliza sujeitos, fixa identidades e silencia os processos históricos constitutivos desses "discursos de verdade".

Assim, atentar para esse modo de produção do LD parece ser de grande valia para aqueles que trabalham como esse tipo de material.

Voltando à questão da aparente neutralidade do discurso do LD, neste momento coloca-se em discussão o caráter de autoridade científica concebido ao livro.

Segundo Citelli (1999), esse caráter resulta do pressuposto de que a verdade está centrada na forma do discurso científico e nas instituições que o produzem. Sabe-se que faz parte do imaginário dos sujeitos a ideia de que o que é científico não deve ser questionado. Essa ideia liga-se a uma outra, segundo a qual tudo que é científico é legítimo e, portanto, verdadeiro.

Uma forma de persuadir o leitor quanto à neutralidade do LD é a utilização do discurso científico, especialmente nas atividades de leitura. Tal estratégia produz, como "efeito discursivo", a homogeneização, a universalização, a fixação de sentidos e a imposição de determinados padrões de comportamento.

Partindo dessa constatação, observou-se que a série *Top Notch* faz uso dessa técnica como um meio de persuadir o usuário do livro quanto à objetividade e neutralidade dos textos selecionados para compor o curso.

Diversas são as vezes em que se observou o discurso científico permeando as atividades do livro em análise.

Exemplos disso podem ser vistos em leituras como:

When adult children come home – Ask Mr. Dad with Armin Brott. (v. 1, unit 3) , onde alguém, talvez um psicólogo, dá orientações de como cuidar dos filhos;

When should I trip. (v. 1, unit 10), cuja fonte de informação é a CNN.

É possível verificar como as narrativas dominantes aparecem de forma homogeneizante como as verdades da comunidade.

Foi observado que o *Top Notch* apresenta temas que tentam posicionar o indivíduo na sociedade ditando padrões de beleza, as regras do bom comportamento etc. Há um conteúdo ideológico disseminado pelos textos que se define por valores preestabelecidos e que são mantidos de forma sutil por meio de estereótipos.

De acordo com as palavras de Foucault, "o que é um sistema de ensino senão uma ritualização da palavra; senão uma qualificação e uma fixação dos papéis para os sujeitos que falam" (1971, p. 44).

Entende-se que tanto a fixação de papéis como a de sentidos são características do LD que devem ser desnudadas e apresentadas como uma produção resultante de um determinado período histórico e das relações de poder em confronto nesse período.

O livro didático e o elo com o mundo real

O LD é um dos veículos de comunicação presente no cotidiano dos estudantes como uma fonte prioritária de conhecimento ou como um instrumento para o ensino/aprendizagem. Essa intimidade entre o usuário e o leitor resulta, frequentemente, no fortalecimento de muitas crenças sobre a superioridade do livro didático e de sua hegemonia sobre os outros tipos de linguagens.

Inegavelmente o livro é um instrumento de trabalho necessário ao professor. Para preparar as suas aulas, os professores precisam de textos, de obras de referência, de manuais com "autoridade" para oferecer comentários sobre determinados assuntos etc. É também instrumento de trabalho para o aluno, já que é o livro que vai lhe servir de base para a construção de seu conhecimento dentro ou fora da sala de aula.

Segundo Rufino (2002), as teorias e práticas de ensino da língua inglesa ainda trazem em seu bojo os discursos do colonialismo. A autora afirma que esses discursos circulam por meio das produções culturais, dos discursos de métodos de ensino e dos materiais didáticos de língua inglesa.

O ensino da língua inglesa se desenvolveu em contextos coloniais onde havia a necessidade de se "educar o outro", ou seja, nesses contextos havia a crença de que era um dever moral do colonizador levar os benefícios do conhecimento europeu aos colonizados. Para tanto, o colonizador desenvolveu políticas linguísticas, elaborou dicionários e uma série de materiais didáticos para o ensino da língua, nos quais o colonizador era representado como superior e o colonizado como primitivo.

Diferentes políticas linguísticas promoveram a expansão da língua inglesa no mundo, refletindo não só a ideologia colonial, como também a representação da língua como superior e ideal para a busca do conhecimento. De uma forma muito sutil e complexa, esses discursos ainda estão presentes nos artefatos culturais produzidos para o ensino da língua inglesa como língua estrangeira.

Para analisar o *Top Notch*, é necessário que se faça uma breve apresentação de como os Estados Unidos da América desenvolveram a noção atual de que a língua inglesa é neutra.

No momento em que os Estados Unidos se envolveram com o colonialismo, a língua inglesa foi instituída como a língua do governo, da educação e da vida pública. Isto significa que os Estados Unidos desenvolveram políticas a favor de uma educação exclusiva em inglês.

Na era pós-guerra, o poder americano foi consolidado por meio de instituições políticas, econômicas, acadêmicas e culturais que responderam fortemente a uma economia global de desenvolvimento. Assim, muitas instituições americanas tiveram papel fundamental na expansão da língua, da ideologia e do poder americanos. Até hoje, muitas das Fundações americanas oferecem apoio educacional a países menos desenvolvidos.

Dessa forma, rapidamente os Estados Unidos constroem a relação entre língua, democracia, educação, desenvolvimento e modernização. A partir da noção de que os Estados Unidos ajudam no desenvolvimento de outros países é que foi construída a representação da língua inglesa como a "língua que traz benefícios", que, portanto, é neutra.

Mais recentemente, a partir da ideia de globalização, a língua inglesa, como língua estrangeira, passou a ser representada como uma necessidade, como um produto que abre as portas do mundo para o cidadão. Esse discurso reforça ainda mais a noção de que a língua é neutra e, mais recentemente, indispensável para o sucesso profissional.

Exemplo de como essa noção está inserida no discurso do livro didático pode ser visto nas páginas do *Top Notch* reservadas à Metodologia.

> English for today's world: Learners today are more likely than ever to use English to communicate with other non-native speakers in travel, business, study, and work. For that reason, in addition to presenting the traditional cultural-linguistic features of English and preparing students to communicate with native speakers of English, Top Notch deliberately helps students build cultural literacy.
> Memorable conversation models: Top Notch uses a selection of topics and short practical language models that represent *the language adult students want and need to learn – for professional, social and travel situations.*
>
> To Notch seeks to replicate as much as possible the *authentic "voice" of English* so that students can become successful in understanding, and *to provide enough practice for students to truly acquire the language. (*Txvi*) (*Grifo nosso*)*

Esses exemplos são reveladores de como o livro em análise dissemina o discurso da expansão, da necessidade de aprender a língua e dos benefícios que proporciona.

Na contracapa dos livros encontram-se os seguintes dizeres:

> Take your students to the top!
> Top Notch, a dynamic 6-level *course for international communication*, sets a new standard, using natural language that people *really speak.*
> Essential model conversations that make key social language *unforgettable and easy* to personalize.
> "Top Notch Interactions" – unique step-by-step discussion builders that *guarantee success for all students.*

Os excertos citados relatam a forma como a língua inglesa tem sido representada nos materiais voltados para ELT (English language Teaching): um discurso que representa a língua como garantia de sucesso, a reafirma como fácil (*easy*), como verdadeira (a língua que as pessoas realmente falam) e como a língua da comunicação internacional.

O livro apresenta uma proposta de tratamento da língua inglesa não como a língua de um país ou de uma região em especial, mas como a língua da diversidade cultural. Tal postura pode ser vista no excerto a seguir:

> English as an international language: English is treated as an international language, rather than the language of a particular country or region. In addition, Top Notch helps students develop a cultural fluency by creating the awareness of the varied rules across cultures for: politeness, greetings and introductions, appropriateness of dress in different settings, conversation do's and taboos, table manners, and other similar issues.[10]

Coracini (1997) pontua que, mesmo nos trabalhos em que se defende a transculturalidade, as diferenças culturais se limitam a apontar as diferenças individuais como representações das diferentes maneiras de proceder do grupo em questão.

O diálogo a seguir é bem representativo desse pensamento. Ele faz parte de uma atividade elaborada para ensinar "pergunte se é certo discutir um determina-

10. Teacher's Edition and Lesson Planner – To the Teacher – Key elements of the Top Notch instruction design, p. ix.

do tema" (*Ask if it's ok to discuss a topic*) O diálogo ocorre entre um asiático e um americano.[11]

A: In general, is it acceptable here (USA) do ask people about politics?

B:That depends. If you know someone well, it's ok.

A:Well, would it be ok to ask you?

B:Sure! What would you like to know?

A:Who do you think will win the election?

B:That's a good question!

O fato do *Top Notch* se apresentar como um curso voltado para a comunicação internacional produz, como efeito de sentido, a crença na neutralidade, na objetividade que, por sua vez, leva à crença na verdade absoluta.

Alguns estudiosos afirmam que os materiais didáticos que apresentam um conteúdo internacional geralmente propagam valores que incentivam o consumo, seus textos giram em torno de assuntos relacionados a viagens e hotéis internacionais, além de, frequentemente, apresentarem complexidades mundiais dentro de um padrão ocidental simplificado, ou seja, o padrão ocidental como referência.

Vários exemplos que contemplam essa visão foram encontrados nos livros da série *Top Notch*. Neste momento, serão apresentados apenas três.

Paul: Hi, Manny. I'm calling from San Francisco. How's the weather in Lima?

Manny: Today? Awful. It's 18 degrees and raining.

Paul: No kidding. It's hot and sunny here[12].

Guest: Good morning. I'm checking out. Here's my key card.

Clerk: Was your stay satisfactory?

Guest: Yes. Very nice thanks.

Clerk: Did you have anything from the minibar last night?

Guest: Yes. Two bottles of spring water.

Clerk: And will you be putting this on your Visa card?

11. Top Notch Student's Book 3, p. 100.
12. Top Notch Student's Book – Fundamentals, p. 27.

Guest: Yes, I will.

Clerk: Here you go, ma'am. Thank you for staying with us. Will you need a taxi?

Guest: Yes. Please[13].

Outro exemplo[14]:

San-Chi: So what are you up these days, Sam?

Sam: Hi, San-Chi! What a coincidence. I've been meaning to give you a call. I need some cultural advice.

San-Chi: What about?

Sam: Well, I'm having dinner at Mei-Li's house tonight, and her parents are in from Taiwan.

San-Chi: Really?

Sam: Mm-hmm. And you know how much I love to talk politics. Would it be rude to bring that up at the dinner table?

San-Chi: Uh…Well, not really. Most people from Taiwan like to talk about politics too. But it would not be cool to argue with them if you don't agree with what they say!

Sam: How well you know me! I do tend to be a little opinionated.

San-Chin: Well, in that case, I'd advise you to talk about something else!.

Verifica-se como a língua está interligada a formas de cultura e de conhecimento. Verifica-se, também, como política e pedagogia interligam-se por meio do material de ensino.

Os próprios autores do livro *Top Notch* o definem como "English for today's world" (inglês para o mundo atual), o que faz com que o ele seja reconhecido, por meio do título, como um material necessário, indispensável para o aprendizado ou para o ensino da língua inglesa. Apreende-se que o título já contenha razões ideológicas que estão associadas à questão da aquisição de um determinado saber a partir da seleção do "conteúdo internacional" que está sendo veiculado pelo livro.

Há de se pensar, então, na questão da leitura e da interpretação desse conteúdo.

13. Top Notch Student's Book 2, p. 27.
14. Top Notch Student's Book 3, p. 99.

O livro didático: a questão da leitura e da interpretação

Duas operações intelectuais fazem parte da leitura: a decodificação e a compreensão. Segundo Meserani, compreender é uma atividade da interpretação do texto. O autor afirma que

> 'Compreender' é uma atividade intelectual complexa que designa a ação de 'abranger com', 'tomar junto', 'conter em si'. É uma apreensão intelectual de um ou mais sentidos do texto, uma captação mais profunda do que o simples entendimento. (MESERANI, 2001, p. 53)

Os textos que comumente compõem os livros didáticos são lidos de uma maneira reverencial, ou seja, servem de modelos de linguagem e de ideologias. O conteúdo desses textos ou as condições em que foram produzidos raramente são questionados.

Parece que a atividade destinada à leitura e interpretação de texto surge, no LD, como uma forma de aclarar o significado e não realmente de fazer com que o aluno compreenda os diferentes textos ou discursos contidos naquela produção.

Na descrição da metodologia do *Top Notch* verifica-se a seguinte explicação:

> Comprehension activities always follow the reading, sometimes in the form of straight factual questions or true/false activities or closes that demonstrate understanding of information or of the vocabulary from the context.[15]

Assim, o que era para ser chamado de interpretação, decorrente de uma leitura mais profunda do texto, não passa de um exercício de sinonímia ou de uma atividade para demonstrar o entendimento das informações contidas no texto. Muitas vezes a atividade de compreensão pós-leitura se reduz a uma análise semântica.

Nota-se, em diferentes atividades, a falta de preocupação com a leitura crítica. Entretanto, observa-se que a fonte de onde o texto foi retirado está identificada, o que o legitima e autoriza o leitor a reverenciar o texto como científico, logo verdadeiro.

15. Concise Methodology, p. Txxiii.

Em várias atividades, parece haver uma preocupação em apenas alargar o vocabulário do aluno, nada tendo a ver com o que se entende por compreensão de texto. Compreender, nesses casos, tem o significado apenas de transformar ideias em uma palavra isolada ou saber responder as perguntas correspondentes às atividades do livro, as quais unicamente exigem que os alunos localizem a resposta no próprio texto. Além disso, compreender significa, muitas vezes, responder às perguntas previamente elaboradas para a *Teacher's Edition*, e que são feitas em sala de aula pelo professor, como o exemplo a seguir, cujas respostas são previamente dadas ao professor.

> Think and explain: Answer the following questions, based on the photo story.
> Have students answer the questions individually and then discuss them with a partner. See Page T99 for answers[16].

Ante esses textos pode haver uma disposição espontânea do aluno, tanto para tomá-los como parâmetros positivos, quanto negativos.

Ressalta-se, ainda, que um texto não possui valor em si próprio, mas na relação que estabelece com outros textos e outras leituras. Assim, o professor não pode deixar de dizer ao aluno que um texto faz parte de um discurso maior, marcado sócio-historicamente pela ideologia.

Quando o aluno lê, está produzindo sentidos, está participando do processo sócio-histórico de produção de sentidos e o faz de uma determinada posição e com uma direção histórica determinada.

Como princípio norteador de várias teorias de interpretação, a hermenêutica sugere um deslocamento na maneira de os indivíduos interpretarem a realida de, de forma que os textos a que estão expostos não sejam vistos como verdades absolutas, como conceitos solidificados. É preciso repensá-los de forma a buscar outros sentidos.

É preciso levar em consideração o fato de que os discursos não são apenas o reflexo da forma como uma sociedade se estrutura, mas eles são também constitutivos dessa sociedade. Sendo assim, são constitutivos dos sujeitos.

Assim como acontece com a linguagem, que me diz como eu devo falar, existe um "mercado interpretativo" que me diz como eu devo interpretar. Acredita-se que um fragmento desse mercado é a instituição escolar.

Os textos que circulam em nossa sociedade são transportados para a sala de aula. O professor, aquele que está ajudando a formar identidades, deve questionar como esse conhecimento de mundo, que circula pelos materiais didáticos, está

16. Top Notch 3, p. T99 – Teacher's edition.

sendo articulado. Ele deve estar alerta quanto às ideologias que perpassam esse conhecimento e ter o cuidado de fazer com que o aluno as questione.

A ausência de um posicionamento quanto a esse saber que circula pela sociedade, e, em especial na sala de aula, implica a homogeneização das interpretações.

O professor deve permitir ao seu aluno que este se posicione frente aos valores que estão sendo transmitidos. Sua preocupação deve ser a de contextualizar, historicizar, levantar questionamentos e permitir que o aluno construa o seu próprio saber face à descoberta de novos conhecimentos.

Considerações finais

Conclui-se que parece fazer parte do livro didático de inglês como língua estrangeira analisado apresentar ao professor e ao aluno roteiros, modelos que ditam como o processo de ensinar e aprender deve ser, quais são as "verdades" a serem reproduzidas, qual o sentido dos textos, como se não houvesse outros sentidos possíveis ou outras maneiras de se proceder.

A escolha do livro didático ou a produção de qualquer outro material didático a ser utilizado em sala de aula não deve ser uma atividade pautada unicamente na intuição do professor ou na avaliação dada por outros. Tal prática deve envolver reflexão e estudo.

Entende-se que a justificativa para a escolha do livro didático não pode ser qualquer uma. A mesma deve fazer sentido, estar apoiada no conhecimento adquirido pelo professor resultante de suas experiências em sala de aula. Acima de tudo, a escolha por este ou aquele material didático deve estar apoiada no conhecimento dos conceitos de linguagem, ensino de língua estrangeira e, especialmente, nos conceitos que dizem respeito à formação das identidades, já que, como professores, somos responsáveis por uma parcela da constituição de nossos alunos em sujeitos e pela transformação desses sujeitos em futuros professores.

Acredita-se que cabe ao professor tirar o máximo proveito dos textos que podem suscitar boas discussões em sala de aula, tomando-se o cuidado de adequá-los à realidade do nosso país, da nossa cultura e de nossos alunos, não permitindo que esses textos sejam lidos sem a devida reflexão.

O objetivo a ser alcançado no momento da utilização do livro didático não deve ser o de verificar se o mesmo contém verdades, mas sim refletir sobre o conteúdo de seu interior, desconstruir seus textos e descrever possíveis relações de dominação.

É preciso que professores e alunos também mudem sua atitude em relação ao material didático que levam para suas salas de aula. É preciso observá-lo não como algo monótono, cujo conteúdo é formado por um saber cristalizado a espera de um professor, ou alguém que aceite o sentido que ali está posto e o reproduza. O professor pode ensinar aos seus alunos que os regimes de verdade não são sempre e unicamente negativos, mas, ao contrário, podem ser produtivos e, até certo ponto, libertadores, sem esquecer, no entanto, que o poder sempre vai existir, de uma forma ou de outra, pois somos inevitavelmente constituídos por discursos permeados pelo poder.

O professor não deve permitir que seus alunos se situem diante do livro de uma forma submissa, assumindo uma postura de reverência aos textos, como se esses possuíssem um significado único: o do autor do texto.

Assim procedendo, os professores estarão favorecendo o processo de desenvolvimento pessoal do aluno, fazendo com que ele exercite sua capacidade crítica, aumente sua experiência e tome conhecimento das relações de poder que permeiam a realidade em que vive.

Referências

ALMEIDA FILHO, J. C. P. *Dimensões Comunicativas no Ensino de Línguas.* Campinas: Pontes, 1993.

_______. Escolha e Produção de Material Didático para um Ensino Comunicativo de Línguas. In: *Contexturas – ensino crítico de Língua Inglesa*, nº. 2. Campinas, SP: Apliesp, 1994.

CITELLI, A. O. *Linguagem e Persuasão.* 13. ed. São Paulo, SP: Ática, 1999.

BAKHTIN, M. (Volochinov). *Marxismo e Filosofia da Linguagem.* 8. ed. São Paulo: Hucitec, 1929 (edição 1997).

_______. *Estética da criação verbal.* 4. ed. São Paulo: Martins Fontes, 2003.

FOUCAULT, M. *A Arqueologia do saber.* Tradução Bereta Neves. Petrópolis: Vozes, 1969. (Original: *L'Archeologie du Savoir*)

_______. *A Ordem do Discurso.* Tradução Laura Frage de Almeida Sampaio. São Paulo: Loyola, 1971 (edição 1996).

_______. *Microfísica do Poder.* Tradução Roberto Machado. Rio de Janeiro: Graal, 1979 (edição 1995).

GRIGOLETTO, M. Seções de leitura no livro didático de língua estrangeira: lugar de interpretação? In: CORACINI, M. J. (Org.) *Interpretação, autoria e legitimação do livro didático.* Campinas: Pontes, 1999.

HALL, St. *Representation: Cultural Representations and signifying practices.* London: SAGE Publications/The Open University, 1997a.

MESERANI, S. *O intertexto escolar: sobre leitura, aula e redação.* 3. ed. São Paulo: Cortez, 2001.

SOUZA, D. M. Do Monumento ao Documento. In: CORACINI, M. J. (Org.). *O Jogo Discursivo na Aula de Leitura:* Língua Materna e Língua Estrangeira. Campinas: Pontes, 1995.

SOUZA, L. M. M. O conflito de vozes na sala de aula. In: CORACINI, M. J. (Org.).*O jogo discursivo na Aula de Leitura. Língua Materna e Língua Estrangeira.* Campinas, SP: Pontes, 1995.

Sob a terra úmida do Brasil: o Movimento Modernista e o Manifesto dos Pioneiros da Escola Nova

Sebastião Haroldo de Freitas Corrêa Porto

> *Saber escrever está muito bem; não é mérito, é dever primário. Mas o problema verdadeiro do artista não é esse: é escrever melhor. Toda a história do profissionalismo humano o prova. Ficar no aprendido não é ser natural: é ser acadêmico; não é despreocupação: é passadismo.*
>
> Mário de Andrade

Sob a mesma terra úmida, coisas muito distintas germinaram. No Brasil do século XX, ainda em nossos primórdios republicanos, encontramos nas décadas de 20 e 30 terreno fértil para a semeadura de movimentos culturais de matizes diversas que, a seu tempo e modo, desabrocharam ao longo do século.

Com resultados diferentes, cada um a seu jeito, esses movimentos vão se irradiando, em ritmos e intensidades variadas, pelos salões, pelas ruas, escolas, padarias, farmácias e repartições oficiais. Todos, no entanto, ao se lançarem sobre a terra úmida republicana, quase virgem, à espera do novo e da construção da nação, se manifestaram publicamente quanto a suas determinações materiais e espirituais, quanto a seus programas e projetos culturais. Múltiplos olhares de muitas direções se entrecruzam: para dentro e para fora, para frente e para trás, para um lado e para outro.

Manifestos de um só, de poucos e de muitos se anunciavam visando antes compor do que roubar a cena republicana. Intérpretes do passado e do futuro do país faziam-se presentes, destituídos de toda cordialidade para com seus adversários: passadistas, academicistas, anarquistas, parnasianos, burgueses, anticientificistas, religiosos, agnósticos, tradicionalistas... Todos de alguma forma foram atacados.

A riqueza cultural do período é única, acessível e demonstrável. São trezentos e cinquenta os cruzamentos e confluências culturais deste início de século. Por décadas afora seus principais protagonistas analisaram suas agendas, sonhos, discursos e realizações, numa época de turbulências induzidas por eles mesmos. Manifestos, viagens, revistas, correspondências, descobertas, conferências, encontros e desencontros de duas décadas vão enriquecer o horizonte cultural de um século que precisa se descobrir republicano e se construir moderno.

A empreitada a que nos propomos aqui, como uma primeira aproximação desta grande efervescência cultural, é examinar o *Manifesto dos Pioneiros da Educação Nova*, de 1932, à luz das faíscas e labaredas modernistas que iluminavam parte de nossas artes nas décadas de 20 e 30, e apontavam alguns caminhos para nossos projetos culturais de então.

O *Manifesto dos Pioneiros da Educação Nova,* doravante *Manifesto dos Pioneiros,* foi escrito por Fernando de Azevedo e assinado por outros 25 signatários, muitos deles nomes de destaque no cenário cultural do país, como Afrânio Peixoto, Sampaio Dória, Anísio Teixeira, Lourenço Filho, Roquette Pinto, Júlio de Mesquita Filho, Raul Briquet, Roldão Lopes de Barros, Cecília Meirelles, dentre outros.

Certamente este manifesto é um dos mais importantes documentos de nossa historiografia educacional, pois se trata de um texto bastante completo, tendo em vista sua finalidade: oferecer uma leitura criteriosa de nosso atraso educacional, denunciando à nação não só as causas principais desse atraso, como indicando os caminhos políticos e os procedimentos científicos necessários para que o país pudesse superar o atraso e se fazer moderno. O *Manifesto dos Pioneiros* se traduz num texto de pronunciado caráter retórico que além de indicar as razões do atraso e os caminhos a se trilhar na educação dali para frente, apresenta já a opção por uma nova metodologia pedagógica trazida do exterior, como modelo a ser seguido para que a nação pudesse se adequar aos novos tempos – o pensamento escolanovístico e a escola experimental, que tem no educador norte-americano, John Dewey, seu principal representante.

No plano do discurso, seguramente, a proposta da Escola Nova, defendida veementemente pelo *Manifesto dos Pioneiros*, encontrou muitos adeptos e defensores entre nossos educadores; no entanto, procedimentos e estratégias metodológicas centrais desta pedagogia ainda hoje não encontraram lugar em nossas escolas. Em educação, muitas vezes, é assim mesmo. O que nos importa, todavia, é examinar este Manifesto no sentido de se formar uma ideia do quanto ele tem de modernista.

Há uma pretensão modernista no *Manifesto dos Pioneiros da Educação Nova*, mas nada além de uma pretensão inicial, uma vez que nele podemos encontrar elementos estranhos ao modernismo brasileiro, a ponto de impedir qualquer identificação entre eles. A rigor, muitos de seus traços o fazem um filho dileto do romantismo nacional. Como não há tempo para se buscar a herança e a escola literária de seus signatários, fiquemos nos elementos que nos permitem esta filiação ao romantismo e o consequente estranhamento com o movimento modernista que o antecede em uma década.

Em sua conferência de 30 de abril de 1942, "O Movimento Modernista", Mário de Andrade diz que

> [...] o movimento modernista foi o prenunciador, o preparador e por muitas partes o criador de um estado de espírito nacional. A transformação do mundo com o enfraquecimento gradativo dos grandes impérios, com a prática europeia de novos ideais políticos, a rapidez

> dos transportes e mil e uma outras causas internacionais, bem como o desenvolvimento da consciência americana e brasileira, os progressos internos da técnica e da educação, impunham a criação de um espírito novo e exigiam a reverificação e mesmo a remodelação da Inteligência nacional[1].

Tomando esse excerto como uma referência confiável do que foi o movimento modernista por um de seus principais protagonistas, podemos afirmar que o *Manifesto dos Pioneiros* também prenunciou e preparou e, de certa forma, criou um novo estado de espírito na educação nacional; e, neste sentido, pode ser identificado com o movimento modernista.

Ao nos debruçarmos sobre o *Manifesto dos Pioneiros*, esta mesma identidade pode ser localizada logo em suas linhas introdutórias, já na segunda afirmação categórica que faz, quando destaca o papel da educação nos planos de reconstrução nacional, exatamente como podemos encontrar nos manifestos e documentos modernistas desta década, que enfatizam a necessidade de se construir o nação, um pouco diferente do que se preconizava na década anterior, quando os modernistas falavam em inventar o Brasil.

No entanto, poucas palavras adiante, o Manifesto se refere à "evolução orgânica do sistema cultural", denunciando uma orientação positivista das mais estranhas ao nosso modernismo. Isto porque com a antropofagia o modernismo filia-se a algo completamente diverso do evolucionismo que desde meados do século XIX serve de matriz teórica para a grande maioria das correntes de pensamento filosófico-científico, inclusive para o marxismo. Enquanto a antropofagia dos modernos consegue alguma coisa que foge ao viés evolucionista.

Celso Favaretto nos mostra que na antropofagia, a paródia e a alegoria são as duas figuras de linguagem mais utilizadas para tratar do nacional. Os modernistas vão se apropriando, vão deglutindo por meio da paródia e da alegoria tudo que lhes chegam, tudo que lhes é acessível. Isto é a antropofagia. O princípio da devoração, na sua mobilidade, vai recompor alguma coisa. Aquilo que nos chega não é recusado; o que é próprio da antropofagia. Não se trata de adaptar o universal ao nacional, ou vice-versa. No ritual antropofágico devora-se o indivíduo valoroso, devora-se o valor. O devorado é escolhido por suas qualidades, ele precisa corresponder a um valor. Este valor é uma diferença. Quem recebe, aquele que devora também tem um valor. Quando você participa do ritual antropofágico, você agrega valor, você se qualifica mais. Isto elimina a ideia do colonialismo cultural. A antropofagia é, na verdade, uma descolonização no inconsciente. A metáfora antropofágica já não tem nada a ver com o mito do bom selvagem. O devorado

1. O Movimento Modernista, conferência lida no Salão de Conferências da Biblioteca do Ministério das Relações Exteriores do Brasil. In: ANDRADE, M. *Aspectos da Literatura Brasileira*. São Paulo: Livraria Martins Fontes, 1972, p. 231.

e o devorador se reconhecem quanto aos seus valores. O resultado da interação antropofágica, que é a que nos interessa, são os escritos, as poesias, as pinturas, as esculturas, enfim, a produção cultural. Não há caráter na antropofagia, muito menos caráter nacional. A operação antropofágica se realiza na tensão entre os pólos. Aqui se coloca a alteridade. A antropofagia tem como valor devorar a cultura de massa.

Este primitivismo seria uma força de resistência à colonização que não se encontra no Manifesto. Assim, graças à sua antropofagia, o modernismo brasileiro estaria livre de todo colonialismo, inclusive do evolucionista, colocando-se em lugar próprio, independente das principais correntes que penetram e dirigem as ciências humanas no período. O *Manifesto dos Pioneiros* não goza da mesma autonomia, pelo contrário, ao proclamar-se cientificista denuncia sua filiação a enorme corrente científica; no caso, ao evolucionismo que se faz bastante visível em seus pressupostos e projeções.

O *Manifesto dos Pioneiros*, além de se mostrar desprovido de algo tão essencial ao modernismo brasileiro, o primitivismo antropofágico, afasta-se ainda mais deste movimento ao referir-se ao futuro. Nos modernos o futuro aparece sempre como algo utópico, enquanto que para os educadores signatários do manifesto se apresenta como algo real, possível, para o qual, inclusive, conhecem e indicam o único acesso.

Voltando a Mário de Andrade, à mesma conferência, encontramos três passagens que se completam quanto ao caráter do modernismo brasileiro, e corroboram de forma quase definitiva o estranhamento entre esses dois movimentos culturais dos anos 1920 e 1930. Na primeira, o autor associa o movimento modernista ao dogmatismo, a um antipopulismo gratuito e à aristocracia paulistana, classe social umbilicalmente ligada ao século XIX e a tudo que ele representou.

> [...] o movimento modernista era nitidamente aristocrático. Pelo seu caráter de jogo arriscado, pelo seu espírito aventureiro ao extremo, pelo seu internacionalismo modernista, pelo seu nacionalismo embravecido, pela sua gratuidade antipopular, pelo seu dogmatismo prepotente, era uma aristocracia do espírito[2].

Na segunda passagem, o autor destaca o caráter destruidor do movimento: "o movimento modernista foi essencialmente destruidor. Até destruidor de nós mesmos, porque o pragmatismo das pesquisas sempre enfraqueceu a liberdade de criação"[3]. Essa ideia de um caráter destruidor será logo à frente completada, associada agora a um viés edonista – "Doutrinários, na ebriez de mil e uma teorias,

2. Idem, p. 236.
3. Idem, p. 240.

salvando o Brasil, inventando o mundo, na verdade tudo consumíamos, e a nós mesmos, no cultivo amargo, quase delirante do prazer"[4].

Na terceira passagem, Mário de Andrade nos apresenta três princípios fundamentais que, na sua fusão, regeram o movimento modernista, oferecendo-nos uma lente especial para melhor interpretarmos suas realizações e seu impacto na nossa formação cultural. Seguramente essa é a principal formulação do texto, sua principal contribuição, aquela que nos permite enveredar pelo movimento modernista adentro sem nos perdermos. Vamos à sua fórmula:

> Embora se integrassem nele figuras e grupos preocupados de construir o espírito modernista que avassalou o Brasil, que deu o sentido histórico da Inteligência nacional desse período, foi destruidor. Mas esta destruição, não apenas continha todos os germes da atualidade, como era uma convulsão profundíssima da realidade brasileira. O que caracteriza esta realidade que o movimento modernista impôs, é, a meu ver, a fusão de três princípios fundamentais: o direito permanente à pesquisa estética; a atualização da inteligência artística brasileira; e a estabilização de uma consciência criadora nacional.

Nem de longe podemos encontrar estas qualidades como orientação do *Manifesto dos Pioneiros* e das conferências da Associação Brasileira de Educadores (ABE), que o ensejaram. Neste sentido, a educação neste mesmo período foi justamente o avesso, o contrário. A produção de nossos destacados educadores nada teve de modernista, nem entre aqueles que resistiam, nem entre aqueles que ameaçavam o *status quo* da educação nacional. Algo os faz imunes a tudo que ocorria com as artes brasileiras. Enquanto "nos salões modernistas o culto à tradição era firme, dentro do maior modernismo", no pensamento pedagógico escolanovístico de então o tradicional jamais foi revisitado, revalorizado, reinterpretado.

Com isto a diferença de linguagem entre esses movimentos culturais vão se acentuando. Se retomarmos o texto do *Manifesto dos Pioneiros*, ainda no seu primeiro parágrafo, podemos perceber rapidamente essa diferença. O Manifesto, ao fazer uma crítica à falta de unidade de nossas políticas educacionais, faz uso da expressão "Tudo fragmentário e desarticulado", associando o "fragmentado" e o "desarticulado" com o atraso e a precariedade do país; enquanto na linguagem modernista " fragmentado" e "desarticulado" estariam associados à ruptura para o moderno.

A linguagem modernista, de acordo com Celso Favaretto, inventou um olhar sobre o Brasil que até então não existia, onde o caráter destruidor, a ênfase no nacional, o fragmentado, o antipopulismo, o dogmatismo, o desarticulado, o aristocrático, o descontínuo, tornam-se expressões modernas carregadas de positividade.

4. Idem, p. 241.

Certamente a linguagem e os valores norteadores do *Manifesto dos Pioneiros* não são modernistas. Poderíamos, então, perguntar que valores carrega esta linguagem; a que movimento literário estaria associada?

Na obra de Antonio Candido, *Formação da Literatura Brasileira*, nos capítulos dedicados ao romantismo e aos autores românticos, talvez tenhamos encontrado na trama das características deste movimento a chave para a identificação entre este movimento artístico-literário e o pensamento escolanovístico presente no *Manifesto dos Pioneiros.*

Acompanhando o texto do *Manifesto dos Pioneiros,* encontramos algumas passagens que nos permitem identificá-lo ao romantismo, correspondendo ora a uma ora a outra característica deste movimento literário.

Nas últimas linhas do primeiro parágrafo, quando o Manifesto diz que a situação atual "nos deixa antes a impressão desoladora de construções isoladas, algumas já em ruína, outras abandonadas em seus alicerces, e as melhores, ainda não em termos de serem despojadas de seus andaimes", encontramos elementos suficientes para identificar aqui uma das características da estética romântica no Brasil: a eloquência empolada, imaginosa e ébria de sonoridade corresponde à poesia (texto) de características análogas, concebida segundo as mesmas técnicas de composição e escolha de imagens. Antonio Cândido chama a atenção para a ação da retórica sobre a poesia, lembrando que esta será ensinada ao lado da eloquência como uma forma paralela de expressão[5].

Outras passagens do Manifesto, com a mesma linguagem empolada e imaginosa podem ser separadas, como o trecho que abre o décimo primeiro parágrafo:

> Mas, por menos que pareça, nessa concepção educacional, cujo embrião já se disse ter-se gerado no seio das usinas e de que se impregnam a carne e o sangue de tudo que seja objeto da ação educativa, não se rompeu nem está a pique de romper-se o equilíbrio entre os valores mutáveis e os valores permanentes da vida humana.

No final do trigésimo terceiro parágrafo destaca-se mais uma passagem que evidencia este mesmo traço romântico do Manifesto:

> [...] a zona luminosa é singularmente mais estreita que a zona de sombra; os pequenos focos de ação consciente que são as escolas, não são senão pontos na noite, e a noite que as cerca não é vazia, mas

5. CÂNDIDO, A. *Formação da Literatura Brasileira.* 5. ed. São Paulo: Universidade de São Paulo/Itatiaia, 1975, p. 42.

> cheia e tanto mais inquietante; não é o silêncio e a imobilidade do deserto, mas o frêmito de uma floresta povoada.

Outra característica do romantismo presente no texto do Manifesto seria aquela associada à missão do escritor e de sua obra (texto) como uma missão de beleza, de justiça, de graça; missão espiritual para uns, social para outros; missão sempre associada a um destino superior, regido por uma vocação superior[6].

Encontramos este traço do romantismo brasileiro, por exemplo, ao final do sexto parágrafo, quando seu autor conclui:

> Aos que tomaram posição na vanguarda da campanha de renovação educacional, cabia o dever de formular, em documento público, as bases e diretrizes do movimento que souberam provocar, definindo, perante o público e o governo, a posição que conquistaram e vêm mantendo desde o início das hostilidades contra a escola tradicional.

Um espírito e uma tendência messiânica, de acordo com Antonio Candido[7], é outra das características do romantismo brasileiro que aparece generosamente na obra de Castro Alves e se faz presente também no texto do Manifesto quando, no início do trigésimo sétimo parágrafo, lança o seguinte brado à nação:

> Os obstáculos acumulados, porém, não nos abateram ainda nem poderão abater-nos a resolução firme de trabalhar pela reconstrução educacional do Brasil. Nós temos uma missão a cumprir: insensíveis à indiferença e à hostilidade, em luta aberta contra os preconceitos e prevenções enraizadas, caminharemos progressivamente para o termo de nossa tarefa, sem abandonarmos o terreno das realidades, mas sem perdermos de vista os nossos ideais de reconstrução do Brasil, na base de uma educação inteiramente nova. A hora crítica e decisiva que vivemos, não nos permite hesitar um momento diante da tremenda tarefa que nos impõe a consciência, cada vez mais viva da necessidade de nos prepararmos para enfrentarmos com o evangelho da nova geração, a complexidade trágica dos problemas postos pelas sociedades modernas.

Antonio Candido entende que a nossa independência política de Portugal teve uma importância decisiva no desenvolvimento de nossa ideia romântica, para a qual contribuiu, pelo menos, com três elementos de ruptura com o Arcadismo: desejo de exprimir uma nova ordem de sentimentos, como o orgulho patriótico;

6. Idem, p. 27.
7. Idem, p. 269.

desejo de se criar uma literatura independente, diversa, através da busca e incorporação de modelos novos; a noção de atividade intelectual como tarefa patriótica na construção nacional[8].

No *Manifesto dos Pioneiros* localizamos passagens que retratam também estas características do nosso Romantismo. No sétimo parágrafo encontramos um período onde estes elementos românticos se encontram reunidos, qualificando ainda mais o Manifesto como um documento de inspiração romântica:

> A interpenetração profunda que já se estabeleceu, em esforços constantes, entre as nossas ideias e convicções e a nossa vida de educadores, em qualquer setor ou linha de ataque em que tivermos de desenvolver a nossa atividade já denuncia, porém, a fidelidade e o vigor com que caminhamos para a obra de reconstrução nacional, sem estadear a segurança de um triunfo fácil, mas com a serena confiança na vitória definitiva de nossos ideais de educação.

Em outra passagem do Manifesto encontram-se exemplos ainda mais ilustrativos dessas características românticas, como no final do décimo parágrafo, quando compara a chamada escola tradicional, a ser vencida com a incorporação dos novos modelos, com a escola socializada, a escola nova nos seus fins, nos seus meios e nos seus sentimentos.

> A escola tradicional, instalada para uma concepção burguesa, vinha mantendo o indivíduo na sua autonomia isolada e estéril, resultante da doutrina do individualismo libertário, que teve aliás o seu papel na formação das democracias e sem cujo assalto não se teriam quebrado os quadros rígidos da vida social. A escola socializada, reconstituída sobre a base da atividade e da produção, em que se considera o trabalho a melhor maneira de estudar a realidade em geral (aquisição ativa da cultura) e a melhor maneira de estudar o trabalho em si mesmo, como fundamento da sociedade humana, se organizou para remontar a corrente e restabelecer, entre os homens, o espírito de disciplina, solidariedade e cooperação, por uma profunda obra social que ultrapassa largamente o quadro estreito dos interesses de classes.

Há muitas outras características do Movimento Romântico Brasileiro que se pode igualmente localizar no corpo do *Manifesto dos Pioneiros da Educação Nova*; no entanto, entendemos que o cotejamento até aqui realizado é suficiente para o

8. Idem, p. 11.

estranhamento que enxergamos entre estes dois movimentos culturais. O *Manifesto dos Pioneiros*, muito embora publicado em meio a vários manifestos modernistas, tendo entre seus signatários intelectuais e artistas que depois viriam a se aproximar ainda mais do ideário e da estética modernista, não vai além de uma pretensão moderna; pois seus valores filosóficos, seus traços estéticos, seu compromisso com um modelo científico importado, seu afastamento da tradição, seu viés evolucionista, enfim, seus elementos definidores o fazem um documento pedagógico-educacional de natureza romântica, ainda que publicado em 1932.

Ficam ainda algumas questões a serem enfrentadas em outro momento, mas uma em especial incomoda de uma forma diferente, fazendo-se presente o tempo todo: por que a vontade de mudanças cumpre referências tão distintas nesses dois movimentos, se ambos compartilham o mesmo ambiente sócio-histórico-cultural?

Referência

ANDRADE, M. Conferência sobre o Movimento Modernista. In: *Aspectos da Literatura Brasileira*. São Paulo: Livraria Martins Fontes, 1972.

______. Paulicea Desvairada. In: *Poesias Completas*. São Paulo: Universidade de São Paulo/Itatiaia, 1987.

ANDRADE, O. *Pau-brasil*. Rio de Janeiro: José Olympio,1925.

BRITO, R. A Semana de 22 – o Trauma do Moderno. In: TOLIPAN, S. et al. *Sete Ensaios sobre o Modernismo*. Rio de Janeiro: Funarte, 1983.

CANDIDO, A. *Formação da Literatura Brasileira*. 5. ed. São Paulo: Universidade de São Paulo/Itatiaia, 1975.

FAVARETTO, C. F. Pós-Moderno na Educação. *Revista da Faculdade de Educação*, São Paulo, v. 17, jan./dez. 1991.

______. Educar e Avaliar: uma perspectiva contemporânea. In: Escola em Movimento, *Argumento*. SEE/Cenp, 1994.

HILSDORF, M. L. S. *História da Educação Brasileira* – Leituras. São Paulo: Pioneira Thomson Learning, 2003.

LIMA, L. C. *Pensamento nos trópicos*. Rio de Janeiro: Rocco, 1991.

ORTIZ, R. *Cultura Brasileira – Identidade Nacional*. 5. ed. São Paulo: Ed. Brasileira, 1993.

VELOSO, M.; MADEIRA, A. *Leituras Brasileiras* – Itinerários no Pensamento Social e na Literatura. Rio de Janeiro: Paz e Terra, 1999.

A mudança do polo dinâmico do capital: um convite à pesquisa sobre os Estados Unidos

Terezinha Ferrari

> *A causa da América é, em grande parte, a causa de toda a humanidade.*
>
> Thomas Paine[1]

> *A humanidade tem nas mãos a oportunidade de oferecer o triunfo da liberdade sobre todos os seus inimigos seculares. Os Estados Unidos recebem de bom grado sua responsabilidade pela liderança dessa grandiosa missão.*
>
> George W. Bush[2]

Introdução

Há imensa quantidade de informações sobre os Estados Unidos da América do Norte; porém, é também uma "incrível massa de retórica", cuja significação necessita ser cuidadosamente escavada – tarefa difícil, dado o conjunto de "desinformações e argumentos em perpétua mudança" sobre as intervenções culturais, políticas, econômicas e militares dos Estados Unidos na conjuntura mundial[3]. Aqui, daremos alguns passos na direção dessa empreitada, mas deixando claro que é imensa a dificuldade de recuperação objetiva da história dos estadunidenses e do seu papel no mundo hoje. Nosso propósito é mostrar uma reflexão, mesmo que ainda parcial, sobre esse importante país. Convidamos a comunidade de pesquisadores a abraçar coletivamente esse trabalho de pesquisa e, por isso, indicamos uma bibliografia em português e espanhol – elencada em inúmeras notas de rodapé – para o que, de antemão, pedimos ao leitor sua licença.

As razões deste convite circunscrevem-se à dificuldade de vasculhar os meandros dessa história – dificuldade comum a qualquer pesquisa, mas aqui acrescida pelo poderio econômico dos EUA, pois as informações veiculadas mundialmente sobre sua história, suas tradições, seus propósitos políticos e econômicos seguem poderosos interesses de setores de classes, incluindo-se neles os interesses do Departamento de Estado, das agências controladoras do noticiário internacional e de outras fontes de produção ideológica, como os milionários departamentos de pesquisas universitárias.

Também sobre o passado histórico dos Estados Unidos, há uma miríade de mitos de criação (os primeiros colonos, os pioneiros) que são constantemente rea-

1. PAINE, T. *Senso Comum*. Os Pensadores. São Paulo: Abril, 1980, p. 49.
2. HARVEY, D. *O novo imperialismo*. São Paulo: Loyola, 2004, p. 14.
3. HARVEY. Idem, p. 17-18.

limentados por meio de satirizações, caricaturas, melodramas e psicologização de heróis, principalmente feitas pela produção cinematográfica e televisiva, através da qual os estadunidenses choram e riem de si mesmos, ao mesmo tempo que exportam essas imagens para o mundo inteiro. Os norte-americanos apreciam contar sua história passada e recente, principalmente pelo cinema, um dos maiores negócios do século XX.

Muito do que pensamos saber sobre as guerras contemporâneas está repleto de intervenções discursivas, televisivas, cinematográficas geradoras de uma gama diversa de imagens e valores estereotipados. A guerra civil norte-americana (1861-1865) – uma destas importantes guerras da história contemporânea – foi popularizada pelo épico sulista *E o vento levou*[4]; a conquista do atual território norte-americano foi centenas de vezes filmada com *cowboys* heroicos e solitários. São filmes que exaltam o heroísmo dos pioneiros, mas escondem o massacre das populações nativas em nome da liberdade dos anglo-saxões brancos e protestantes (*wasps*) de ocuparem terras[5]; o processo da migração em massa da zona seca e poeirenta no centro-sul do país para a Califórnia na década de 1930 foi transformado em seriado e filme satíricos, muito distante da boa literatura de *As vinhas da ira* de John Steinbeck[6] que retrata com realismo o processo de concentração da propriedade da terra nos EUA. Mesmo Michel Moore, quando denuncia os "desagradáveis" anos 1990 (Harvey), o faz a partir de certa mordacidade de situações trágicas, desde *Tiros em Columbine*, passando por *Roger e eu e Farenheit 11 de setembro*.

No cinema, principalmente, o presente e o passado são desfigurados, enquanto o futuro é pré-figurado. Falamos de produções tais como *Mad Max, Blade Runner, Matrix, Robocop, Exterminador do Futuro, Star Wars*. São investidos milhões de

4. Uma indicação interessante sobre a guerra civil é o trabalho do historiador americano Barrington Moore: As origens sociais da ditadura e da democracia. Senhores e camponeses na construção do mundo moderno. Lisboa: Cosmos e Livraria Martins Fontes Santos, 1967, capítulo A guerra civil americana: a última revolução capitalista, no qual a guerra civil é apresentada como um conflito entre forças econômicas do Sul e do Norte em disputa pelo controle das relações de trabalho no Oeste. O controle das terras do Oeste pelas relações livres assalariadas é o determinante daquele processo de consolidação de relações capitalistas plenas nos EUA. Essencialmente, o Partido Republicano de Lincoln em 1860 somente protestava "contra a extensão da escravidão a outros territórios e proclamava, ao mesmo tempo, que não se ocuparia dessa instituição nos estados em que ela existia". MARX, K.;. ENGELS, F. *La guerra civil em los Estados Unidos*. Fase política e Victoria y compromiso. México, DF, 1973, p. 137. Nos estados do Norte, a escravidão era mal vista porque, por exemplo, o irlandês imigrante, pobre e explorado, "via no negro um perigoso concorrente" (idem, p. 137).

5. Em sentido muito distinto ver: BROWN, D. *Enterrem meu coração na curva do rio*. A dramática história dos índios norte-americanos. Porto Alegre: LP&M, 2009.

6. David Harvey cita esse processo de substituição da agricultura familiar pelo agronegócio e o papel do Estado que desempenhou o papel de facilitador dessa substituição. O autor diz ainda: "A expulsão de populações rurais ocorrida durante a *Dust Bow* (corrida da poeira) dos anos 1930 e a migração em massa do *okies* (os saídos de Oklahoma) para a Califórnia foram um violento precursor do longo processo de substituição nos Estados Unidos da agropecuária familiar pelo agronegócio." (idem, p. 129). Pierre George situa: "A redução do poder de compra interno, a exiguidade do mercado internacional, salvo para as produções de destinação industrial, fizeram da agricultura, a longo prazo, a principal vítima da crise do decênio de 1930. [...] os agricultores empobrecidos, após tentativas de migrações internas, abandonaram a terra". GEORGE, P. *A economia dos Estados Unidos*. São Paulo: Martins Fontes, 1989, p. 46.

dólares para produzir e divulgar mundialmente filmes de tipo futurista que reduzem o homem a máquinas[7] e difundem valores morais, estéticos do cotidiano do homem médio norte-americano em futuros distantes em cidades que, claramente, são Nova Iorque, Los Angeles, ou em caricaturadas galáxias siderais. Setores de classe dos Estados Unidos, investidores nas áreas da produção microeletrônica, da telecomunicações e do complexo bélico-militar, possuem verdadeira obsessão – motivada pelos altos lucros – por investimentos em segurança e em equipamentos que rapidamente podem ser projetados como os mais adequados e insubstituíveis para sobrevivência do ser humano em um futuro pressuposto. Com a publicidade que os acompanham, anunciam a mensagem de um passado sempre substituível por algo novo[8].

Esses setores produtores, sediados em geral, na Costa Oeste dos EUA (Vale do Silício), desde os anos 1960, insistentemente investem na retórica apologética do novo[9], o que veio a alimentar uma propositura pós-moderna de viés norte-americano[10]. Por meio de filmes e desenhos animados de entretenimento, delineiam e formatam um devir, como se não houvesse outra alternativa futura para a reprodução da vida material. Forjam consciências adequadas à aceitação não só dos novos equipamentos, como divulgam procedimentos e processos de trabalho profissionais, técnicos, políticos, além de construírem um específico status humano diante de equipamentos extracorpóreos.

Ao longo do século XX e em especial no período pré e pós-Segunda Guerra Mundial (1939-1945), o mundo todo, mas na América Latina com especial atenção, e os meios de difusão e produção cultural dos Estados Unidos investiram milhões na exportação do *american way of life*, padrão conquistado como corolário de uma produção industrial controlada pelos setores de classes acionistas de conglomerados industriais norte americanos, fabricantes de todo tipo de produto de consumo rápido e diário: refrigerantes tipo cola, gomas de mascar, automóveis, eletrodomésticos, além de hábitos como comer *hot dogs*, pipoca no cinema, alimentos farináceos, ler histórias em quadrinhos de *super-heróis*, gostar de determinados ídolos da música, do cinema, de filmes e colecionar todos os adereços que os acompanham[11].

7. FERRARI, T. Ciência do capital e a quimérica interface homem-máquina. In: *Cadernos de Ciências Sociais n. 1*. Engajamento e ciência. Colegiado de Ciências Sociais/Fundação Santo André/Capes, 2005, p. 291-312.
8. ISAACSON, W. *Steve Jobs, a biografia*. São Paulo: Cia. das Letras, 2011.
9. ROSZAK, T. *O culto da informação*: o folclore dos computadores e a verdadeira arte de pensar. Capítulo: Os negociantes de dados. A *high tech* (tecnologia de ponta) e os oportunistas conservadores. São Paulo: Brasiliense, 1988.
10. Ainda está por ser feita uma investigação acerca da convergência entre as posturas tidas como pós-modernas forjadas nos EUA e a vertente europeia dessa concepção teórica e prática contemporânea.
11. Theodor Adorno tornou conhecida suas relativas e aristocráticas críticas à *indústria cultural* que dos Estados Unidos avassalava também, no pós-segunda guerra, a Europa – reconstruída com dinheiro abundante de capitalistas norte-americanos. ADORNO T.; HORKHEIMER M. A indústria cultural: o esclarecimento como mistificação das massas. In: *Dialética do Esclarecimento*. Rio de Janeiro: Jorge Zahar, 1985, p. 113-156.

Esse complexo monopólio – informacional, comunicativo – com força internacional de difusão, cria um ideário, um conjunto de ideias e mensagens, um tipo de informação que, na esteira da força material ideológica, confunde e ilude pela centralidade que propõe em linguagens variadas, na supremacia do significante, do indivíduo egoísta, abstrato e do pragmatismo.

Como contrapartida a essa imensa campanha de informação pelas imagens e ícones culturais que difundem uma certa trajetória histórica dos Estados Unidos, as universidades e fundações de pesquisa estadunidenses, sem economizar esforços financeiros, investigam o mundo inteiro, de acordo com seus valores cognitivos e interesses econômicos-políticos. Criam acadêmicos e técnicos especialistas em países e regiões que orientam teoricamente políticas do Departamento de Estado, com o fim de proteger, a qualquer custo, investimentos de capitais estadunidenses pelo mundo afora. Combatem teoricamente pelo lucro e por uma ciência, cujo fim é o de garantir pragmaticamente verdades que funcionam, como a veiculada em um dos lemas da famigerada Aliança para o Progresso do início dos anos 1960, no Brasil especificamente, com seus subsídios financeiros para a construção do conjunto habitacional Cidade de Deus no Rio de Janeiro: um proprietário a mais é um comunista a menos. Paula Bieguelman[12] também indica a intromissão dos brasilianistas que, ideologicamente engajados no sistema e regiamente pagos para realizarem suas pesquisas acadêmicas e científicas, criaram outros mitos na historiografia brasileira, como o traçado sobre um "radical" e "irresponsável nacionalismo anti-imperialista" de Getúlio Vargas e um certo conceito de populismo[13]- interpretações que seduziram intelectuais brasileiros e contribuíram para obstaculizar a formação de uma teoria crítica, não só da particularidade histórica do Brasil como da América Latina. Atualmente, aumentou sobremaneira o número de pesquisadores brasileiros nas universidades americanas que, depois de realizarem seus estudos, assumem o arcabouço teórico de análise bastante adequado à manutenção da hegemonia do sistema do capital liderado pelos Estados Unidos, publicando suas teses em nome de novos paradigmas de análise, contribuindo para manter a cegueira quanto às determinações do sistema do capital[14].

12. BEIGUELMAN, P. Cultura acadêmica nacional e brazilianismo. In: BOSI, A. *Cultura brasileira. Temas e situações.* São Paulo: Ática, 2003, p. 199-207. Série Fundamentos

13. SKIDMORE, T. *Brasil: de Getúlio a Castelo.* Rio de Janeiro: Paz e Terra, 1976.

14. Bolsistas brasileiros têm realizado pesquisas reveladoras quanto ao arcabouço teórico apreendido nas universidades americanas: RODEGHERO, C. S. *Capítulos da Guerra Fria:* o anticomunismo brasileiro sob o olhar norte-americano. (1945-1964). Porto Alegre: UFRGS, 2007; FERES JR, J. *A história do conceito de 'latin america' nos Estados Unidos.* Bauru: EDUSC, 2005. Coleção Ciências Sociais; SPEKTOR, M. *Kissinger e o Brasil.* Rio de Janeiro: Jorge Zahar, 2009. Ver também recente trabalho de caráter didático "encomendado a um punhado de especialistas": KARNAL, L.; PURDY, S.; FERNANDES, L. E. e MORAIS, M. V. *História dos Estados Unidos das origens ao século XXI.* São Paulo: Contexto, 2007. Lembrar: *O sul mais distante* de GREEN, N. J. *Apesar de vocês: oposição à ditadura brasileira nos Estados Unidos, 1964-1985.* São Paulo: Cia. das Letras 2009. Os dois últimos autores norte-americanos. Com orientação bem diversa, é importante a obra de MONIZ BANDEIRA, L. A. *Formação do império americano. Da guerra contra a Espanha à guerra do Iraque.* Rio de janeiro: Civilização Brasileira, 2005; *As relações perigosas: Brasil-Estados Unidos (de Collor a Lula, 1990-2004)* Rio de Janeiro: Civilização Brasileira, 2004. Ver também o clássico do mesmo autor: *Presença dos Estados Unidos no Brasil.* É notável a obra de HUBERMAN, L. *Nós o povo. A*

***

Os mitos de criação do país acima do Rio Grande, desde os primeiros tempos da colonização, traçam a existência de homens e mulheres que teriam diante do trabalho uma postura de abnegação religiosa, como se as atividades necessárias para manter a sobrevivência fossem exclusivamente o atendimento de um chamado de Deus. Objetivamente, desde os primórdios da colonização, passando pelo período da conquista do Oeste americano no século XIX, passando ainda pelo homem de negócios do período pré-Segunda Guerra Mundial retratado em *Babbit* que encarna, conforme a letra de Sinclair Lewis, o "homem de energia e iniciativa e esteio do progresso" que trabalhava em um edifício que funcionava "com a perfeição de uma máquina de escrever"[15], até as recentes gerações de investidores financeiros internacionais, a prática histórica classista nos Estados Unidos criou uma sociedade na qual o "individualismo inflexível" é crônico e o culto da liberdade e do dinheiro é sinônimo de uma nova civilização. Trata-se de indivíduos vencedores que demonstrariam marcada "boa vontade em adotar novos produtos e novos métodos de produção", o que significaria serem "relativamente livres das restrições da tradição"[16]. O autor dessa apreciação Shepard B. Clough, não tem qualquer cerimônia em contar a trajetória econômica norte-americana recheada de inúmeros termos genéricos esvaziados de real significado. Exemplarmente destaca-se sua análise sobre a construção dos milhares de quilômetros de ferrovias e cabos telegráficos na segunda metade do século XIX nos Estados Unidos, o que enriqueceu inúmeros investidores à custa de construir trilhos e cabos em meio ao nada, envolvendo especuladores de terras e dos materiais como ferro, madeira, além do trânsito de mão de obra para os locais de construção das linhas ferroviárias. Este processo especulativo segue várias facetas das formas críticas futuras das crises capitalistas, também analisadas por vários autores[17].

Shepard atribui o caos proporcionado pelos especuladores na construção de ferrovias nos EUA na segunda metade do século XIX, a uma infelicidade, "os dirigentes das estradas de ferro terem abusado um pouco da posição importante que desfrutavam" (idem, p. 143). Nem de longe, o autor indica ter sido esta uma marcante ação expansionista e especulativa de classe, a partir dos abundantes capitais auferidos pelas forças do trabalho, pela dinâmica interna de um mercado prote-

epopeia norte-americana. São Paulo: Brasiliense, s/d., um livro que procura responder se a nação norte-americana no século XX realizou o sonho que trouxera os antepassados para as terras da América, indagação que remete às epígrafes deste texto.

15. LEWIS, S. *Babbit.* São Paulo: Abril Cultural, 1980, p. 43.

16. SHEPARD, B. C.; MARBURG, T. *Economia e sociedade nos Estados Unidos.* Rio de Janeiro: Fórum, s/d. p. 15. Adiante, faremos uma referência a GRAMSCI que no texto *Americanismo e Fordismo*, também tratará, sob outras orientações, desta "falta de tradições" – as europeias – na formação histórica dos EUA.

17. COGGIOLA, O. *As grandes depressões (1873-1896 e 1929-1939).* Fundamentos econômicos, consequências geopolíticas e lições para o presente. São Paulo: Alameda, 2009. HARVEY. D. *A condição pós-moderna.* São Paulo: Hucitec, 1993. DAVIS, M. *Holocaustos coloniais.* Clima, fome e imperialismo na Formação do Terceiro Mundo. Rio de Janeiro: Record, 2001. Ver: Capítulo dois, principalmente, sobre a crise mundial provocada pela especulação ferroviária nos EUA em fins do século XIX.

gido e subsidiado pelo Estado e pela ação militar consolidadora de um território nacional comprado e arrebatado do México e das tribos nativas. Segundo versões mais comuns, embora os investidores tenham cometido abusos, as anexações territoriais legalmente oficializadas são sempre consideradas como expansão da palavra divina e dos critérios insubstituíveis de civilização e de liberdade auferidos por um povo solidário e empreendedor.

Uma retórica apologética mais atual sobre os Estados Unidos pode ser apontada em Jeremy Rifkin, que ficou conhecido no Brasil com o livro *O fim dos empregos: o declínio inevitável dos níveis dos empregos e a redução da força global de trabalho*[18] que preconiza o fim da sociedade do trabalho e, por isso, força uma virada de paradigma. Nas décadas de 1980 e 1990, estava a todo vapor uma anunciada, desde os anos 1960, crise de paradigmas[19] principalmente nas ciências humanas. Essa crise renega a categoria trabalho e propugna as linguagens e o setor de serviços como paradigmas centrais para entendimento da sociedade contemporânea[20]. Rifkin, além de defender estes novos paradigmas, traçou um longo percurso de recuperação dos primórdios históricos dos Estados Unidos para anunciar que os problemas das sociedades contemporâneas e a falta de empregos somente poderiam ser enfrentados pela difusão dos valores intrínsecos ao povo da América do Norte: o associativismo, o voluntariado, a boa vontade, o empreendedorismo, o civismo – aspecto da vertente pós-moderna neoliberal no campo da política. Valores resgatados de um mítico povo e responsáveis pelo sucesso econômico dos Estados Unidos que deveriam servir de exemplo ao mundo todo, imerso no paralelo processo de globalização. Aos povos e estados recalcitrantes em aceitar este desígnio, o complexo bélico-militar dos Estados Unidos poderia dar sua específica contribuição para a globalização da democracia. É desta espécie de contribuição que surgiram os cenários de guerra *high tech* no Iraque ao longo da década de 1990 e início do século XXI.

É ardilosa a argumentação do autor. Ao mesmo tempo em que escreve um texto em que parece efetuar criticas, sugere alternativas perfeitamente adequadas ao controle sistêmico do grande capital sobre os indivíduos em particular e sobre as relações societárias em geral.

Suas orientações são exatamente a implementação da receita das políticas chamadas neoliberais, mas aceitas pelos que criticam de modo institucional-reformista estas próprias práticas. A falta de tempo impede que se avance nestas observações, mas sinteticamente elas dizem aos desempregados e atônitos indivíduos, diante da falta de alternativa de reprodução da vida material: fiquem tranquilos;

18. RIFKIN, J. *O fim dos empregos: o declínio inevitável dos níveis dos empregos e a redução da força global de trabalho*. São Paulo: Makron Books, 1995.

19. O termo *paradigma* ficou conhecido em função de KHUN, T. S. *A estrutura das revoluções científicas*. São Paulo: Perspectiva, 1987.

20. OFFE, C. Trabalho como categoria sociológica fundamental? In: *Trabalho e sociedade. Problemas estruturais e perspectivas para o futuro da sociedade do trabalho*. Rio de Janeiro: Tempo Brasileiro, 1989.

organizem-se, seguindo seus estritos ideais de realização individual em suas comunidades locais, seguindo seus estreitos interesses imediatos, enquanto o capital mundializa-se para acumular ganhos espetaculares, enquanto (e isto o autor também não diz) as forças do trabalho dissipam-se em fragmentos microscópicos despolitizadas pela negação de valores universais cuidando de veicular uma solidariedade cuja dimensão não atravessa as portas de suas casas e estritas consciências.

A mudança do polo dinâmico do capital nos séculos XIX-XX

Não há notícia (ao menos para esta escriba) da existência de um volume do porte do *Desenvolvimento do capitalismo na Rússia*, de Lênin para o desenvolvimento do capitalismo nos Estados Unidos. A lacuna é maior, porque a historiografia norte-americana, como já dissemos, é eivada de inúmeros trabalhos apologéticos que desinformam e iludem. De nossa parte, aproveitamos a oportunidade para propor um trabalho coletivo de investigação que se distancie do desinforme e da ilusão[21].

O processo de independência, marcada pela declaração em 1776[22], pode ter começado a refletir, ainda que de modo tênue, nos Estados Unidos diferenças do padrão de acumulação econômico europeu. Antes dessas mudanças tornarem-se economicamente hegemônicas – o que só vai ocorrer depois de 1918 e consolidar-se depois da guerra de 1939-1945 – a independência destas colônias gerou somente uma certa curiosidade de caráter político-civilizatório[23] nos europeus.

21. Para tanto, são fundamentais o próprio livro de LENIN, V. I. *O desenvolvimento do capitalismo na Rússia*. São Paulo: Abril Cultural, 1982. Coleção Os Economistas e MANDEL, E. *O capitalismo tardio*. Os Economistas. São Paulo: Abril Cultural, 1982.

22. Em 4 de julho de 1776, delegados das 13 colônias inglesas do Norte, que estavam em guerra com a Inglaterra, proclamaram sua independência no Congresso de Filadélfia. Criaram uma república independente com o nome de Estados Unidos da América. A declaração da independência, fundamentalmente obra de Thomas Jefferson, constituía a primeira declaração formal dos direitos do homem e condensaria aspirações burguesas desde o período do Renascimento. Marx em *A questão judaica* traça os limites dessas aspirações burguesas para a efetiva emancipação humana.

23. Àquela altura, os Estados Unidos não apresentava condições de concorrer com o potencial do capital, principalmente da Inglaterra e da França. Alexis de Tocqueville foi verificar *in loco* (1831) a americana terra da plenitude do indivíduo, da liberdade e das instituições democráticas. Suas conclusões, embora de natureza conservadora, não negaram que a democracia era um caminho sem volta. TOCQUEVILLE, A. *A Democracia na América: leis e costumes*, Livro I, e *A democracia na América: sentimentos e opiniões*. Livro II. São Paulo: Martins Fontes, 2001. Depois dele e da avassaladora liberdade de expansão das relações capitalistas, visitar a América seria quase hábito dos intelectuais europeus. Ver também sobre isto WILSON, E. *Rumo à estação Finlândia*. Capítulo: Origens do socialismo: as comunidades de Fourier e Owen e o capítulo: Origens do socialismo: Enfantin e os socialistas americanos. São Paulo: Cia. das Letras, 1986. Karl Marx não visitou os Estados Unidos, mas na segunda metade do século XIX manteve atenta observação nas *trombetas* que sopravam do outro lado do Atlântico. No século XX, há uma lista de intelectuais que foram para os Estados Unidos, por iniciativa própria ou pagos por universidades americanas. Max Weber terminou de escrever *Ética protestante e o espírito do capitalismo*, depois de visitar os Estados Unidos em 1904. É conhecido o fato de intelectuais, perseguidos pelos regimes nazifascistas, serem convidados a pesquisar nos EUA. Vários cien-

A configuração política independente da metrópole inglesa de algumas colônias americanas, no fim do século XVIII, somente pode ocorrer a partir da acumulação material interna advinda do processo particular de colonização do que veio depois tornar-se os Estados Unidos da América do Norte. A colonização foi explicitada pelos processos de povoamento e produção para exportação (respectivamente correspondente aos conceitos de colônia de povoamento e colônia de exploração, assimilados principalmente entre autores de vertente marxista. Depois de decretada a tal crise de paradigmas das ciências humanas, cujo objetivo também era o de fazer desaparecer da historiografia os marxistas, essa conceituação tem sofrido ataques de muitos lados. Muitos ataques, mas, de fato, poucas explicações sobre quais seriam os possíveis erros[24].

Caio Prado Jr. e Fernando Novaes são dois importantes pesquisadores que se fundamentaram nessa formulação para indicar elementos do desenvolvimento particular da colonização das Américas[25]. Sinteticamente, nas colônias do Norte (basicamente os territórios iniciais de Nex Hampshire, Massachusetts, Rhode Island e Connecticut) prevaleceria a policultura, um dinâmico mercado interno, pois, a produção não era voltada para exportação e as relações de trabalho eram pautadas na liberdade do assalariamento e na ênfase ao empreendimento privado. Nas colônias do Sul (os territórios iniciais de Maryland, Virginia, Carolina, Geórgia) predominaria a *plantation*, sustentada pelo trabalho escravo, cuja produção monocultora – no caso o algodão – era basicamente exportada para a metrópole inglesa.

Há outros elementos que identificaríamos como relevantes entre estas duas vias de acumulação colonial nos EUA e que vão colaborar para a solução radical impressa na guerra civil da segunda metade do século XIX. O mercado concorrencial capitalista exige que a maior parte dos lucros retornem à produção. Esta exigência foi cumprida, tanto nos empreendimentos manufatureiros e industriais, sustentados no trabalho livre assalariado, como nas atividades agrícolas de tipo plantation, baseada no trabalho escravo. Os capitais manufatureiros e industriais deste período (mesmo que as relações monopolistas de produção capitalista ainda não fossem generalizadas) tendem a ser reinvestidos em fábricas, equipamentos, apropriações de novas técnicas de produção e tende a ser voltado para a compra da força de trabalho. Nas relações escravistas, a reinversão dos lucros, entretan-

tistas foram trabalhar no Projeto Manhattan; membros da Escola de Frankfurt foram para o novo mundo. Depois da guerra, Herbert Marcuse continuou nos EUA, Adorno e Horkheimer voltaram para a Alemanha Ocidental e, em sentido inverso, outros tantos estruturalistas foram para os EUA, absorvendo as influências da matematização das ciências humanas, desenvolvidas pelo positivismo lógico norte-americano. Ver: *História do estruturalismo. O campo do signo 1945-1966.* São Paulo: Ensaio, 1993. V. 1. "Nova York torna-se o lugar decisivo da elaboração de uma antropologia estruturalista" (idem, p. 33).

24. Ver KARNALL et alli (idem, p. 25-26).

25. PRADO JR. C. *História econômica do Brasil.* São Paulo: Brasiliense, 1970. NOVAES, F. *Portugal e Brasil na crise do antigo sistema colonial (1777-1808).* São Paulo: Hucitec, 1981. Estes autores são favoravelmente citados em: GRAZIANO DA SILVA, J. *Progresso técnico e relações de trabalho na agricultura.* São Paulo: Hucitec, 198, p. 57-100. Capítulo: Industrialização da agricultura paulista.

to, possui limites inexistentes na produção nortista. Os latifundiários reinvestem diretamente em mais terras e em mais trabalhadores escravos. O resultado entre os dois caminhos é um desenvolvimento qualitativo de forças produtivas no primeiro e um desenvolvimento simplesmente quantitativo no segundo, ainda assim somente até quando existem terras férteis e livres para serem apropriadas[26].

A luta para expandir as relações de trabalho escravistas nas terras aráveis a Oeste estará na base do conflito civil nos anos de 1861 a 1865. Segundo Genovese os saltos qualitativos da economia nortista "se manifestavam no rápido aumento populacional, na expansão do complexo produtivo e numa crescente e agressiva atuação política, ideológica e social", enquanto o "Sul prendeu-se a um sistema de *plantation* e a uma economia agrícola baseada em parcas culturas. Como resultado, a ação onerosa do intermediário dependia das facilidades oferecidas pelo Norte"; "[...] os fabricantes sulistas tinham dificuldades em produzir em quantidade suficiente para manter os custos e os preços em níveis competitivos com os do Norte". Como consequência, a "dependência de importações nortista e britânica intensificou o escoamento de recursos urgentemente necessários" (GENOVESE, p. 22-23).

A ocupação dos territórios a Oeste, ao longo principalmente da primeira metade do século XIX, veio acompanhada das fartas linhas de crédito que facilitaram a expansão agrícola, industrial e a apropriação privada de terras. No Sul, diferentemente, o crédito levou à superprodução algodoeira e os bancos eram necessários somente para "facilitar a exportação" (GENOVESE, p. 27), mas pouco pode fazer para tirar a economia sulista da estagnação latente, relativamente, à economia do Norte.

Como herança da acumulação colonialista, cuja unidade são os elementos do povoamento e da *plantation*, a sociedade norte-americana em meados do século XIX, diante de profundo impasse histórico, evoluiu para um conflito, cuja única solução possível foi a guerra radical entre os territórios econômicos envolvidos. O fim da guerra interna, que deu ganho de causa histórica aos interesses econômicos do Norte e do Oeste, revelou os rumos da acumulação e expansão imperialistas que se avizinhariam nas décadas seguintes.

A partir da solução dada pela guerra civil, a acumulação liberta-se das barreiras do trabalho escravo no Sul, das relações mercantis entre os proprietários fundiários sulistas com a Inglaterra e das possibilidades de expansão de relações de trabalho escravas em terras a Oeste. Assim, os Estados Unidos da América do Norte emergiram para um livre desenvolvimento de forças produtivas capitalistas avassaladoras com uma força produtiva interna, capaz de varrer quaisquer obstáculos, garantindo um outro horizonte de dominação imperialista e mudando, relativamente, o eixo econômico capitalista da Europa para os Estados Unidos

26. GENOVESE, E. *A economia política da escravidão.* Rio de Janeiro: Pallas, 1976. Coleção América: economia e sociedade.

desde o fim da Guerra Civil no último quartel do século XIX – processo que se consolidará no fim da Segunda Guerra Mundial.

No prefácio ao Manifesto Comunista de 1882, alerta-se para os abalos que se seguiriam na agricultura europeia devido à expansão econômica dos Estados Unidos:

> A emigração europeia, precisamente, tornou possível o colossal desenvolvimento da agricultura na América do Norte, cuja concorrência abala os próprios alicerces da grande e da pequena propriedade territorial na Europa. Foi também esta emigração, além do mais, que deu aos Estados Unidos a possibilidade de empreender a exploração dos seus imensos recursos industriais com tal energia e em tais proporções que, muito cedo, há de acabar com o monopólio industrial do Ocidente europeu e especialmente com a Inglaterra. Estas duas circunstâncias repercutem por sua vez, de um modo revolucionário, sobre a própria América do Norte. A pequena e média propriedade agrária dos granjeiros, pedra angular de todo o regime político norte-americano, sucumbe continuamente diante da concorrência das gigantescas fazendas, enquanto em regiões industriais se forma, pela primeira vez, um poderoso proletariado ao lado de uma fabulosa concentração de capitais[27].

Paralelo a esse poderio material de produção e deste "fabuloso proletariado" – composto tanto dos imigrantes quanto dos nascidos norte-americanos que viriam a se mostrar massivamente adeptos do consumo proporcionado pelos 5 dólares por dia – recrudesceu um ideário romântico centrado no poder da terra e da natureza pelo homem. Desde o início do século XIX, a ideologia do 'destino manifesto' orientava para uma mistificação da relação entre (exclusivamente estes) os brancos, anglo-saxões e protestantes, e a dominação da natureza. Os *wasps*, ao terem *ouvido* a palavra divina e lutado vitoriosamente contra uma natureza selvagem se constituiriam no povo eleito e, por isso, merecedor da tarefa missionária de guiar todos os outros povos.

O historiador norte-americano Frederick Jackson Turner (1861-1932), na década de 1890 no ensaio: *A importância da fronteira na história norte-americana*, realça a construção das "instituições norte-americanas como resposta a um meio ambiente social e geográfico específico"[28]. A terra abundante, a natureza controlada e o território politicamente independente seriam o espaço vital para os brancos, anglo-saxões e protestantes norte-americanos ianques sobreviverem autonomamente. A fartura de terras, a vastidão da natureza, a expansão das fronteiras permanecerão como um entre os vários mitos de fundação e de expansão dos Estados

27. MARX, K.; ENGELS, F. *Manifesto Comunista de 1848*. Prefácio de 1882. In: *Textos*. São Paulo: Edições Sociais, 197, p. 13, V. III.
28. BURKE, P. *História e teoria social*. São Paulo: Unesp, 2002, p. 29-30.

Unidos – cultuado tanto nos filmes de *far west* quanto naqueles em que as longas e modernas estradas que cortam o país são verdadeiros personagens.

Para a constituição do território dos EUA, João Cezar de Castro Rocha lembra a importância do papel das fronteiras potencialmente móveis:

> [...] pois o solo ainda não havia sido totalmente ocupado. Desse modo, a civilização norte-americana plasmou-se no embate constante com vastas extensões de terra, incluindo-se neste embate o genocídio das populações nativas, condição *sine qua non* para a anexação crescente de territórios a um país em expansão aparentemente interminável. Contudo, em 1893, as fronteiras já estavam definidas. [...] Na visão otimista de Turner, a fronteira instável teria propiciado o surgimento do 'individualismo democrático norte-americano', com base na livre iniciativa e na capacidade de adaptar as circunstâncias exteriores ao próprio interesse. A teoria da fronteira implicava o domínio das forças da natureza, vistas como argila para a construção do país[29].

Quando as fronteiras nacionais se estabilizaram[30], fato conseguido também com a solução da guerra interna que definiu a consolidação de relações assalariadas nas terras do Oeste, "um novo limite foi criado, na imagem nada sutil da política do Big Stick". Desde os últimos anos do século XIX, setores de classe investidoras, particularmente interessadas em atividades de guerra, capitalistas da indústria de alimentos e representantes políticos defenderam uma política e ação imperialistas sobre o vizinho estado nacional do México, sobre a América Central e sobre o Pacífico, pois, esgotadas as terras virgens habitadas pelos nativos, "novos limites espaciais mais fundamentais" (Jamenson)[31] teriam de ser conquistados para a manutenção da expansão de uma forma "personalizada de imperialismo", diferente dos países europeus. Não seria introduzida uma nova estrela com uma região habitado por uma população "majoritariamente não caucasiana", por exemplo como o México (HARVEY, 2004, p. 47)[32], consolidado desde o século XVI pelo primeiro processo de colonização baseado na acumulação mercantil de capital.

O avanço da introdução de intensa maquinaria na produção industrial estadunidense, ao longo do último quartel do século XIX, garantirá a forte concorrência econômica em relação à Europa e suprirá a escassez de mão de obra relativamente às necessidades industriais dos Estados Unidos.

29. *Folha de São Paulo*, Caderno Mais, 11 set. 2005, p. 4.

30. Esta questão remete ao item do nacionalismo nos EUA, do como pode haver um sentimento nacionalista quando há fronteiras móveis durante tantas décadas. TOTTA. *Os americanos*. São Paulo: Contexto, 2009.

31. JAMENSON, F. *A virada cultural. Reflexões sobre o pós-moderno*. São Paulo: Civilização Brasileira, 2006, p. 151.

32. Op. cit (2004), p. 46-47.

Os níveis internos de reprodução do capital no território econômico definido principalmente neste último período do século XIX, o nascente processo de introdução do capital na produção agrícola norte-americana, que se desdobraria em lances definitivos do agronegócio no Centro-sul, nos anos 1930, o desenvolvimento de forças produtivas, que imporia "necessidades industriais" internas sem retorno desenvolveram o padrão imperialista tipicamente norte-americano e, nesse desenvolvimento, "a teoria do destino manifesto alimentou seu próprio gênero particular de racismo expansionista e idealismo internacional" (HARVEY)[33].

As potências imperialistas europeias disputavam espaço vital fora de seus territórios econômico-nacionais. Conquistavam a África, a Ásia, a Índia e deslocavam esforços materiais internos para manter essas possessões e colônias, como também a manutenção de exércitos e governos locais. Os capitais sobreacumulados e com mercados restritos para novos investimentos internos deslocavam-se para essas longínquas colônias construindo estradas de ferro, represas, áreas de extração de minérios, postos militares e de burocracia governamental. Os capitais acumulados nos Estados Unidos, diferentemente, concentravam-se na construção de infraestrutura econômica estritamente no interior do país. A proteção ao mercado interno era ali política de primeira grandeza de estado. A conquista de territórios, dava-se indiretamente, a partir da alocação de espaço vital na América Central, na América Latina em geral, para instalação de fábricas para extração de gêneros alimentícios *in natura* e para o aproveitamento de força de trabalho barata e abundante[34].

A "desproporção entre a população do país e suas necessidades industriais" foi resolvida pela intensa imigração dos mais diferentes povos do mundo para os Estados Unidos. Absorvidos pelas campanhas de imigração em seus próprios países e pela divulgação da América como a terra das oportunidades, milhões de estrangeiros acolheram às cidades industriais dos Estados Unidos; a agricultura do meio-Oeste era reservada aos *wasps*. Chineses, russos, irlandeses, italianos, poloneses, alemães, escandinavos, lituanos, checos, judeus, por volta de 1900, configuravam a população, por exemplo, de uma cidade industrial e comercial como Chicago[35]. É da tendência do confronto entre trabalhadores fabris e patrões que ocorreram as mortes de operários que acabaram por gerar o dia internacional de

33. Op. cit. (2004), p. 47.

34. A historiadora e cientista política Ellen Wood identifica os Estados Unidos como um império avesso à "custosa e perigosa" dominação colonial direta. Segundo esta autora, a hegemonia exclusivamente econômica dos EEUU manteve-se a partir das "operações de mercado, pelo controle dos sistemas financeiros, da dívida etc.". O imperialismo norte-americano "não colonial" – mais rentável, menos arriscado e custoso – seria a essência da reprodução capitalista onde existem "imperativos puramente econômicos: os imperativos do mercado, os imperativos da competição e da maximização dos lucros" e seria, por isso, o "primeiro império verdadeiramente capitalista". WOOD. E. Imperialismo dos EUA: hegemonia e poder militar. In: *Crítica marxista*. Rio de Janeiro: Revan, 2004, p. 53, 51.

35. COULON, A. *A escola de Chicago*. Campinas: Papirus, 1995. A chamada sociologia urbana nasceu tipicamente nos Estados Unidos. Diante desta imigração para as cidades – a terra era propriedade quase exclusiva de *wasp's* – a Universidade de Chicago criou os estratagemas teóricos, políticos e materiais para a "aculturação" e "assimilação" dessa massa de estrangeiros, somados ao disciplinamento do taylorismo-fordismo.

luta operária no primeiro de maio – data que não é lembrada nos EUA –, além da fundação de sindicatos e associações socialistas e anarquistas[36].

Diante das necessidades industriais intrínsecas ao industrialismo norte-americano e dessa massa de trabalhadores que veio suprir a escassez de mão de obra, ocorreram processos típicos de criação de um perfil de trabalhador adequado a estas necessidades. Daí, derivam-se as razões por que o taylorismo e o fordismo sugiram tipicamente nos Estados Unidos e não no berço da chamada revolução industrial, a Inglaterra. O volume e a qualidade das necessidades promovidas pela concorrência internacional de capitais, exigiriam um novo tipo de produção fabril e de trabalhador, com a readequação de suas aptidões psicofísicas a novos métodos de trabalho muito diferentes das tradições artesãs e manufatureiras europeias.

Um texto fundamental para discutir essa formação é o de Antonio Gramsci: "Americanismo e Fordismo"[37], porque recoloca em bases não apologéticas uma suposta boa vontade dos norte-americanos do norte[38] na adoção de novos produtos ou novos métodos de produzir. Adotar "novos produtos e novos métodos de produção" nada tem a ver com a insígnia de um povo empreendedor, mas com a natureza do capital exigir extrair mais valor do trabalhador livre assalariado; para tanto, criaram-se os métodos de trabalho tayloristas/fordistas que, por sua vez, são, segundo Gramsci, "indissociáveis de um determinado modo de viver, de pensar e de sentir a vida; não é possível obter êxito num campo, sem obter resultados tangíveis em outro" (GRAMSCI, p. 266). Para atendimento das necessidades dos métodos de racionalização deste trabalho fabril, criou-se todo um aparato de investigação sobre a vida íntima dos operários, sobre sua moralidade. A assistência social, a psicologia do trabalho (de grupo e individual) nasceram nos Estados Unidos neste período de formação de um trabalhador adequado aos novos processos. Segundo Gramsci:

> Quem ironizasse estas iniciativas (mesmo fracassadas) e visse nelas apenas uma manifestação hipócrita de 'puritanismo' estaria se negando qualquer possibilidade de compreender a importância, o significado e o alcance objetivo do fenômeno americano, que é também o maior esforço coletivo até agora realizado para criar, com rapidez inaudita e com uma consciência do objetivo jamais vista na história, um tipo novo de trabalhador e de homem. (idem, p. 266)

36. Emma Goldman e Alexander Berkman, imigrantes lituanos, e líderes anarquistas foram deportados para a União Soviética em 1919.

37. GRAMSCI, A. Americanismo e Fordismo. In: *Cadernos do Cárcere*. Temas de cultura, ação política. Americanismo e Fordismo. Tradução COUTINHO, C. N.; NOGUEIRA, M. A.; HENRIQUES, L. S. Rio de Janeiro: Civilização Brasileira, 2001, p. 239-282. V. 4.

38. Os estadunidenses assumiram para si a condição de serem americanos, assimilando o poder do lema: *a América para os americanos*, que data de 1823; segundo ele nenhuma potência europeia poderia intervir nos assuntos *americanos*. Contra as intervenções colonialistas europeias, ele se tornou depois o lema do imperialismo norte-americano para a América Latina.

O objetivo seria o de desenvolver em grau máximo, no operário imigrante, os comportamentos automáticos e "reduzir as operações produtivas apenas ao aspecto físico maquinal" (p. 266).

O movimento histórico de constituição capitalista do mercado interno e de atendimento de suas necessidades agrícolas e industriais encontrou objetivamente condições extremamente favoráveis para sua expansão nos estados independentes da América do Norte. No complexo de variantes que privilegiava esta expansão, é determinante o nível de lutas de classes nos Estados Unidos nesta virada de século, nível que acabou contribuindo para a mudança de eixo econômico em direção ao espaço *americano*.

Tradições seculares artesãs/manufatureiras, acompanhadas de quase um século de lutas socialistas comuns entre os trabalhadores europeus da Inglaterra, França, Alemanha, Holanda, Bélgica, eram ausentes nas condições americanas. A tradição do artesão criador que revelava a ligação entre "arte e trabalho", seguiu com os imigrantes, acabou por ser sufocada pelos processos fordistas de racionalização do trabalho e pelos altos salários, que eram almejados pelos que atravessaram um oceano em busca de oportunidade na vida. Para não correr perigo, entretanto, empresários industriais capitalistas (tendo à frente Henri Ford) juntamente com políticas públicas de Estado proibiram até mesmo o consumo de álcool, "o mais perigoso agente de destruição das forças de trabalho"[39] (p. 267) e também não desdenharam da persuasão política-econômica e da busca do consenso político entre os operários.

Deixe-se claro que a mudança do eixo econômico da Europa para os Estados Unidos não mudou o caráter das relações econômicas sob o capital. Ao contrário nos Estados Unidos, estas relações encontraram todas as condições para aprofundar-se e completar-se, na medida em que, aí, obstáculos ou foram eliminadas no nascedouro ou, historicamente, inexistiram para a expansão universalizante do capital e sua revalorização. Em meados do século XIX, havia uma produção diversificada de vários bens, como a produção de armas. Enquanto os artefatos bélicos europeus eram feitos artesanalmente, nos Estados Unidos, carabinas, espingardas, revólveres, canhões eram produzidos em série e já havia a fabricação de peças sobressalentes que eliminavam o descarte da peça toda quando uma só parte se quebrava, isto é, era um setor produtivo imerso em um mercado que se diversificava. Nessa protoindústria, não sujeita a tradições corporativistas, vagões, locomotivas, trilhos, redes telegráficas, postos de extração e refinamento de petróleo eram fabricados em relativa escala.

Essa protoatividade de traços industrializantes exigia a produção de alimentos para o mercado. A produção agrícola dos Estados Unidos desenvolvia, ao longo do século XIX, características mercantis distintas dos países europeus.

39. É elucidativa a leitura de *Babbit* sobre o consumo de álcool entre os trabalhadores de classe média e as críticas ao *proibicionismo*. Ver também GRAMSCI (idem, p. 268).

Atrelada às fronteiras móveis, isto é, à expansão territorial, a posse livre da terra por "granjeiros" de natureza burguesa com uma produção para si e para o mercado impunham o atendimento mercantil dos mais variados produtos para garantir as plantações, o pastoreio, a criação de rebanhos, além da implantação do setor bancário, comercial e de serviços para a mercantilização variada destes produtos. Nesse pioneiro processo histórico de uma agricultura capitalista, o capital passava a ser "engajado" na terra, criando um mercado para sua revalorização, escapando da produção de alimentos para divisão com senhores proprietários, membros de uma secular aristocracia agrária. Diferente da Europa e da Rússia, não preexistia nos Estados Unidos – mesmo considerando-se os escravocratas do Sul – uma classe de proprietários fundiários que reivindicassem para si não só a terra, mas também a apropriação de produtos realizados por camponeses, mesmo que livres, ou servos[40].

Nesta direção, avanços técnicos que aumentam a produtividade da agricultura e da pecuária, são inerentes ao processo de apropriação da terra e alavancados diretamente por investimentos de tipo capitalista em setores de produção que se tornam específicos produtores de mercadorias, como a produção de equipamentos agrícolas: arados, enxadas, foices, machados etc. – na perspectiva do capital, os meios de produção criados passam a se tornar centrais e a natureza mistificada – como em Turner. Num primeiro momento, a abundância de terras e as fronteiras móveis foram os elementos originais geradores do desenvolvimento desta produção, mas, a partir da escassez das terras e dos limites territoriais nacionais traçados, a expansão dar-se-á exclusivamente pela ação ampliada do capital no mercado em geral, momento em que a concorrência intracapitais levará à guerra civil e à sua solução de natureza capitalista, mediada pelos detentores das forças produtivas mais progressistas[41].

O capital atua contra todas as barreiras históricas e naturais que possam se interpor ao processo de sua revalorização. Nos Estados Unidos, ao longo do século XIX, consolida-se uma trajetória também de solapamento das barreiras dos tempos e dos espaços objetivamente dados. Mais do que em qualquer outro lugar, pioneiramente nos Estados Unidos o espaço foi subtraído pelo tempo. E este não foi um processo subjetivado pela filosofia do país, tal como o foi entre os filósofos do velho continente. Desde então, a produção teórica norte-americana elabora teses legitimadoras desta reprodução, inaugurando uma veia filosófica pragmatista, oriunda na sua vez por Charles Peirce, incrementada pelo positivismo vienense que desembocará na filosofia analítica, formando um amálgama teórico que perdura até os dias atuais, aparentemente contraposto ao subjetivismo racionalista da filosofia europeia.

40. LENIN, V. I. *O programa agrário da Socialdemocracia na primeira revolução russa de 1905-1907*. São Paulo: Ciências Humanas, 1980, p. 29 ss.
41. GRAZIANO DA SILVA, J. *Progresso técnico e relações de trabalho na agricultura*. São Paulo: Hucitec, 1981, p. 28.

É central a importância do capital-informação para a mudança do polo econômico da Europa para Estados Unidos. A estrutura de transportes em território norte-americano, marcada por uma poderosa indústria naval e por milhares de quilômetros em estradas de ferro que ligavam o Atlântico ao Pacífico, pode ser avaliada por esta passagem de um artigo de Marx, que comenta os conselhos de um comerciante de Liverpool sobre os perigos da Inglaterra declarar guerra aos Estados Unidos em nome de esta antiga metrópole pretender defender os interesses comerciais próprios e os dos proprietários de terras dos estados do Sul, durante e mesmo depois da guerra civil:

> [...] Os Estados Unidos gozariam da vantagem de uma prioridade da informação. Se decidissem a guerra, os telegramas voariam imediatamente de Washington a São Francisco e os navios americanos começariam suas operações militares no Pacífico e nas águas chinesas várias semanas antes que a Inglaterra tenha podido fazer chegar às Índias a notícia da declaração de guerra[42].

Em uma palavra: a capacidade naval, bélica, de produção de mercadorias, de transmissão de sinais telegráficos e de transporte de mercadorias e cargas garantiriam um absoluto desastre econômico, político e militar para a Inglaterra em caso de uma guerra.

A expansão colonialista inglesa desde o século XVII, embora se sustentasse em colônias e possessões espalhadas pelo mundo e possuísse uma frota naval invejável e tenha sido responsável por muitos quilômetros de ferrovias construídas como instrumento para explorar suas colônias, não podia equiparar-se à capacidade de comércio dos navios norte-americanos, à sua produção de armas e ao número de quilômetros de ferrovias e cabos telegráficos construídos concentradamente no território dos Estados Unidos da América do Norte em nascente e permanente expansão ao longo do século XIX. As ferrovias atendiam exclusivamente ao mercado interno estadunidense, desenvolvendo instrumentos e mecanismos para o funcionamento delas, já lidando, com códigos específicos que contribuiriam para a aproximação e coincidência entre os tempos de trabalho e os tempos de produção.

O excerto acima demonstra a importância das comunicações – tal como Marx desenvolveu no primeiro capítulo do Livro II de *O Capital* – pois da velocidade da circulação depende a realização do valor agregado na produção, o que engloba o transporte de mercadorias, pessoas, além de informações (aqui, informações podem ser tanto os dados comerciais e financeiros necessários a investidores nas bolsas de valores[43], como um sistema integrado de produção, transmissão e codi-

42. MARX, K. *La guerra civil en los Estados Unidos*. México, DF: Roca, 1973, p. 46/47.
43. "Nos Estados Unidos, um serviço de informação a investidores já reunia, em 1871 [...] 729 assinantes" DANTAS, M. *A lógica do capital-informação. A fragmentação dos monopólios e a monopolização dos fragmentos num mundo de comunicações globais*. Rio de Janeiro: Contraponto, 2002, p. 108.

ficação de sinais específicos, como os transmitidos pelos cabos telegráficos e pelo próprio funcionamento da rede ferroviária).

As primeiras linhas de telégrafo datam de 1840 e seus principais usuários na Europa eram o Estado e os investidores nas Bolsas. Nos Estados Unidos, o serviço telegráfico era privado, incorporado ao monopólio da Western Union em 1866 e subsidiado pelo Congresso, sempre que interessasse abrir uma linha pioneira para atender ao Exército ou à população anglo-saxã em sua marcha para o Oeste[44]. Já neste período, nos Estados Unidos havia um monopólio de dimensão nacional (a constituição de corporações monopólicas é própria da economia norte-americana e este é só mais um traço particular da formação do capital nos EUA entre os séculos XIX e XX). A consolidação do território nacional norte-americano foi egressa de um mercado independente, interno, produtor e consumidor. A dinâmica desse mercado destruiu barreiras – à custa de uma guerra civil e inúmeras perseguições aos que lutavam em nome do trabalho – e abriu ao capital maiores possibilidades de acumulação que vieram a definir a economia internacional durante o século XX.

O território econômico dos Estados Unidos, que se formava, é fértil e extremamente rico em minérios e petróleo; as relações de produção que se instalavam permitiram sua exploração mercantil, enquanto as nações imperialistas europeias disputavam em colônias distantes meios de investimentos para seus capitais – disputas que levaram estas potências a duas guerras, chamadas mundiais – dissipando forças produtivas, como as dos imensos gastos militares em chão europeu e nas próprias colônias durante as guerras. Diferente dos Estados Unidos, o capital europeu precisou tratar politicamente concessões com os aristocratas proprietários seculares de terras, com uma economia camponesa recalcitrante e com as tensões diplomáticas, militares e concorrenciais entre os próprios Estados-nação[45]. Na Europa, a luta entre operários e patrões forcejava uma teoria socialista e comunista que contribuía para o acirramento da luta de classes. Nos Estados Unidos, o operariado formava-se pela massa imigrante presa na disciplina taylorista-fordiana e nas expectativas de consumo derivadas dos altos salários pagos, principalmente na imensa fábrica de automóveis da Ford no Estado de Michigan. Para cumprimento dessas expectativas proibia-se o envolvimento na política sindical operária como era exigência de Henri Ford. Como é da natureza do capital eliminar todas as barreiras para sua revalorização – natureza que permanece até os dias atuais – esta relação social encontrou nos Estados Unidos as mais plenas condições de reprodução, sufocando por todos os meios a ascensão de forças do trabalho que pudessem colocar esta plenitude em risco.

44. DANTAS. Idem, p. 109.

45. Segundo os autores de um clássico livro *Para ler o Tio Patinhas: comunicação de massa e colonialismo*, as revistas Disneys destacam certas diferenças com a "política clássica de um colonialismo grosseiro. É possível perceber [na] colaboração benévola [praticada pelos EUA] um neocolonialismo que, rechaçando o saque aberto do passado, permite ao nativo uma mínima participação em sua própria exploração" (p. 62).

Considerações finais

Desde a década de 1870, nos Estados Unidos, condições históricas específicas subordinaram-se à reprodução do capital. Até a de década de 1940 – especificamente depois de 1945 (o ano do fim da Segunda Guerra Mundial) pode-se dizer que esta subordinação chegou à plenitude. Alguns autores norte-americanos, hoje, já começam a discutir o declínio do poder dos EEUU[46], mas outros de alguma filiação crítica[47] preferem conduzir o debate no sentido de identificar as particularidades de imperialismo dos Estados Unidos e as determinações da sequência de crises, principalmente, as detonadas a partir das décadas de 1960/70, quando surgiram sinais claros das profundas mudanças econômicas-políticas que desembocarão nas políticas chamadas neoliberais e na produção cultural identificada como pós-moderna.

O livro *Império* de Michael Hardt e Antonio Negri tornou-se famoso entre nós nos anos 1990. Ao criticar a tese muito comum nos anos 1980/90 de fim dos estados-nação e sua irrelevância no mundo contemporâneo (que veio em conjunto com a tese do fim do trabalho, da história, das ideologias, do humano), Ellen Wood, autora já citada, conclui que "o capital não depende menos do que antes dos Estados territoriais"(idem, p. 55). O Estado-nação foi importante entre as condições históricas para ascensão e consolidação do poderio imperialista dos EUA e a formação do seu território nacional, aliada a uma política de Estado radicalmente protecionista. Em apenas um século, a categoria histórica do Estado-nação seria descartada para manutenção de um poder imperial, em nome de uma nova soberania e de um novo contrato social e de um império que está em todo e em nenhum lugar ao mesmo tempo. Wood ao comentar esta tese detecta no livro Império "uma conversa mítica" sobre um *império* que é um "não lugar" (idem, p. 60).

A historiografia norte-americana e os debates sobre o papel dos Estados Unidos no mundo contemporâneo têm levado a inúmeras locuções retóricas. A autora, ao traçar os limites dos autores citados, desvela uma parcela dessa retórica, muito embora seja polêmico o papel que o Estado cumpre hoje na manutenção do movimento mundial do capital. O que destacamos é sua contribuição para a longa e árdua tarefa de refletir sobre o desenvolvimento do capitalismo dos Estados Unidos. De nossa parte, aqui, nos propusemos apenas a fazer alguns apontamentos sobre um momento desse processo, entre os séculos XIX e XX, além de indicar (tarefa que nem de longe está esgotada) uma bibliografia mínima para

46. WALLERSTEIN, I. *O declínio do poder americano*. Rio de Janeiro: Contraponto, 2004.
47. BRAGA, R. *Cult*, mar. 2008 (matéria), dá uma "respeitável amostra dos inimigos íntimos do império: David Harvey, Mike Davis, Frederic Jamenson, Erik Olin Wright e Michael Buroway", p. 51. João Bernardo, James Petras são também referências importantes para identificação das determinações do movimento do capital contemporâneo.

auxiliar no aprofundamento desta tarefa (mesmo que seja a indicação de antigos livros e autores que segundo uma tradição contemporânea que opera na direção do obscurantismo não deveriam sequer mais ser lidos). Fica claro, entretanto, pelo tratamento que demos ao tema proposto e a bibliografia indicada que não é a direção que apontamos.

Referências

ADORNO T.; HORKHEIMER M. A indústria cultural: o esclarecimento como mistificação das massas. In: *Dialética do Esclarecimento.* Rio de Janeiro: Jorge Zahar, 1985.

BEIGUELMAN, P. Cultura acadêmica nacional e brazilianismo. In: BOSI, A. *Cultura brasileira. Temas e situações.* São Paulo: Ática, 2003. Série Fundamentos.

BROWN, D. *Enterrem meu coração na curva do rio.* A dramática história dos índios norte-americanos. Porto Alegre: LP&M, 2009.

COGGIOLA, O. *As grandes depressões (1873-1896 e 1929-1939).* Fundamentos econômicos, consequências geopolíticas e lições para o presente. São Paulo: Alameda, 2009.

COULON, A. *A escola de Chicago.* Campinas: Papirus, 1995.

DANTAS, M. *A lógica do capital-informação.* A fragmentação dos monopólios e a monopolização dos fragmentos num mundo de comunicações globais. Rio de Janeiro: Contraponto, 2002.

DAVIS, M. *Holocaustos coloniais.* Clima, fome e imperialismo na Formação do Terceiro Mundo. Rio de Janeiro: Record, 2001.

DORFMAN, A.; MATTELART, A. *Para ler o pato Donald.* Comunicação de massa e colonialismo. 3. ed. Rio de Janeiro: Paz e Terra, 1980.

DU BOIS, W. E. B. *As almas da gente negra.* Rio de Janeiro: Lacerda, 1999.

FERRARI, T. Ciência do capital e a quimérica interface homem-máquina. In: *Cadernos de Ciências Sociais n° 1.* Engajamento e ciência. Colegiado de Ciências Sociais/Fundação Santo André/Capes, 2005.

GENOVESE, E. *A economia política da escravidão.* Coleção América: economia e sociedade. Rio de Janeiro: Pallas, 1976.

GEORGE, P. *A economia dos Estados Unidos.* São Paulo: Martins Fontes, 1989.

GRAZIANO DA SILVA, J. *Progresso técnico e relações de trabalho na agricultura.* São Paulo: Hucitec, 1981.

GRAMSCI, A. Americanismo e Fordismo. In: *Cadernos do Cárcere.* Temas de cultura, ação política. Americanismo e Fordismo. Tradução COUTINHO, C. N.; NOGUEIRA, M. A.; HENRIQUES, L. S. Rio de Janeiro: Civilização Brasileira, 2001. V. 4.

HARVEY, D. *O novo imperialismo.* São Paulo: Loyola, 2004.

HUBERMAN, L. *Nós o povo. A epopeia norte-americana.* São Paulo: Brasiliense, s/d.

ISAACSON, W. *Steve Jobs, a biografia.* São Paulo: Cia. das Letras, 2011.

LEWIS, S. *Babbit*. São Paulo: Abril Cultural, 1980.

LENIN, V. I. *O desenvolvimento do capitalismo na Rússia*. Coleção Os Economistas. São Paulo: Abril Cultural, 1982.

______. *O programa agrário da Socialdemocracia na primeira revolução russa de 1905-1907*. São Paulo: Ciências Humanas, 1980.

MANDEL, E. *O capitalismo tardio*. Os Economistas. São Paulo: Abril Cultural, 1982.

MARX, K. *La guerra civil en los Estados Unidos*. Colection México, D F: Roca, 1973.

MARX, K.; ENGELS, F. *La guerra civil em los Estados Unidos. Fase política e Victoria y compromiso*. México, DF: Roca, 1973.

______. *Manifesto Comunista de 1848*. Prefácio de 1882. In: Textos. São Paulo: Edições Sociais, 1977. V. III.

MONIZ BANDEIRA, L. A. *Formação do império americano*. Da guerra contra a Espanha à guerra do Iraque. Rio de janeiro: Civilização Brasileira, 2005.

MOORE, B. *As origens sociais da ditadura e da democracia*. Senhores e camponeses na construção do mundo moderno. Lisboa: Cosmos e Livraria Martins Fontes Santos, 1967.

NEVINS, A.; STEELE, H.; MORRIS, J. *Breve historia de los Estados* Unidos. México, Fondo de Cultura Económica, 1996.

NOVAES, F. *Portugal e Brasil na crise do antigo sistema colonial (1777-1808)*. São Paulo: Hucitec, 1981.

PAINE, T. *Senso Comum*. Os Pensadores. São Paulo: Abril, 1980.

PRADO JR. C. *História econômica do Brasil*. São Paulo: Brasiliense, 1970.

RIFKIN, J. *O fim dos empregos:* o declínio inevitável dos níveis dos empregos e a redução da força global de trabalho. São Paulo: Makron Books, 1995.

SHEPARD, B. C.; MARBURG, T. *Economia e sociedade nos Estados Unidos*. Rio de Janeiro: Fórum, s/d.

TOCQUEVILLE, A. *A Democracia na América:* leis e costumes Livro I e A democracia na América: sentimentos e opiniões. Livro II. São Paulo: Martins Fontes, 2001.

WOOD. E. Imperialismo dos EUA: hegemonia e poder militar". In: *Crítica marxista*. Rio de Janeiro: Revan, out. 2004.

_______. *Democracia contra capitalismo*. A renovação do materialismo histórico. São Paulo: Boitempo, 2003.

O evangelho segundo Jesus Cristo, obra assinada por José Saramago, e agraciada com o Prêmio Nobel de Literatura em 1998, o primeiro reconhecimento dessa natureza em língua portuguesa, ainda provoca nos leitores dos mais variados segmentos da sociedade surpresa, indignação, aceitação e rejeição de valores há séculos difundidos pela Igreja Católica em relação à imagem inviolável de Jesus Cristo.

Em meio a todas as discussões, favoráveis e contrárias, que o assunto tende a suscitar, a humanização de Cristo, o que fascina as pessoas ao longo da obra de José Saramago são as várias possibilidades de leituras que *O evangelho segundo Jesus Cristo* desperta nos leitores. São interpretações que vão desde o reconhecimento do aspecto político-literário que o romance apresenta, no qual podemos encontrar, por meio de uma viagem no tempo pela cultura portuguesa ao longo da história, muitos momentos de intertextualidade em que reconhecemos, nas entrelinhas, uma mescla de referências caras ao autor por todos aqueles que contribuíram com as letras portuguesas, num período que se estende do Trovadorismo até os dias em que Saramago se encontrava: falamos aqui de alusões às poesias e aos textos oficiais trovadorescos; ao Humanismo de Gil Vicente e seu maravilhoso teatro; ao Classicismo de Camões; ao Barroco de Pe. Vieira e a grande oratória portuguesa; ao Neoclassicismo de Bocage e ao refinamento do pensamento que o caracterizou; à perfeição estilística do romântico Camilo Castelo Branco e do realista Eça de Queirós; à musicalidade textual do simbolista Camilo Peçanha e ao saudosismo nacionalista de Fernando Pessoa. A qualidade da tessitura literária que encontramos em *O evangelho segundo Jesus Cristo*, sagrou, na verdade, não um único escritor, mas todos aqueles que ajudaram a construir a Literatura Portuguesa e a quem José Saramago homenageou, de forma sutil, nas entrelinhas de seu evangelho.

A fim de enriquecer a multiplicidade de leituras que a obra sugere, queremos destacar mais uma: a leitura mítica, agora invertida, do papel heroico, santo e mártir, de Jesus Cristo, podendo ele, este Cristo, ser visto também como um homem comum, anônimo, no meio e no momento em que se encontrava.

A sustentação teórica buscada para subsidiar essa releitura heroica de Jesus Cristo, sob o olhar polêmico de Saramago, consistiu-se de Joseph Campbell, com a obra *O herói de mil faces* e *O poder do mito*; de Carl G. Jung, *Os arquétipos e o inconsciente coletivo* e *O homem e seus símbolos* e com Mircea Eliade, por meio de algumas de suas principais obras, como *O sagrado e o profano, Aspectos do mito, e Imagens e símbolos*. Com esses autores e obras, foi possível traçar um percurso heroico invertido, em que podemos reconhecer, e até mesmo apreciar, a construção do Jesus Cristo humanizado, revisto e criado por meio da leitura da obra de Saramago.

É reconhecível que um dos objetivos principais em *O evangelho segundo Jesus Cristo* é humanizar a figura do Filho de Deus. Entretanto, um segundo objetivo poderia ser o de teorizar a respeito da existência de um Deus sublime, que nos levaria a questionar até em que ponto o Deus que a Igreja Católica prega é um Deus misericordioso e bondoso? Por que Jesus Cristo teve de ser apresentado como um homem com aspectos tão diferentes em relação aos outros, com uma perfeição extrema, se o que mais a Igreja Católica prega é a igualdade entre os seres? Jesus Cristo poderia ter sido um homem como outro qualquer, com inteligência e pureza de alma suficientes para trazer ensinamento ao povo, sem ter tido o fim que foi a ele designado por Deus.

Para muitos, é uma ousadia, beirando à blasfêmia, corromper a imagem de Jesus Cristo, que veio ao mundo sacrificar-se por nossos pecados. Macular a imagem do Filho de Deus é negar a própria religiosidade, a existência incorruptível do Criador, plantando a semente da dúvida, do questionamento, que dissemina, de forma maldosa, a perda dos valores cristãos que devem reger a vida do homem comum.

Foi partindo dessa (des)construção da figura mítica, sem qualquer intenção de descaracterizar a importância religiosa de Jesus Cristo, utilizando-se da obra premiada de José Saramago, subsidiada por pesquisadores que estudaram a trajetória mítica de heróis consagrados e o poder e a importância do inconsciente coletivo na criação, manutenção e perpetuação de figuras heroicas através dos tempos que a leitura do Cristo humanizado de Saramago se fez presente e necessária, para que possamos apreciar, entendendo ainda mais, os percalços pelos quais passou o autor durante este processo de elaboração literária.

Enveredando, agora, pelos caminhos que nos permitem reconhecer a sequência de etapas que devem ser vivenciadas por um ser comum durante a sua trajetória e que vai torná-lo um herói, temos na obra *O herói de mil faces*, de Joseph Campbell, o percurso a ser seguido por este futuro herói, uma caminhada que será marcada por complicações, provações e lições que permitirão a este ser especial atingir o objetivo pretendido, como podemos comprovar no trecho em que Campbell diz, "a aventura do herói é antes de qualquer coisa, uma tarefa de autodescoberta e de autodesenvolvimento" (CAMPELL, 2007, p. 60). Seja o homem buscando sua heroicidade, ou o herói buscando sua humanidade, sempre haverá uma trajetória a ser cumprida por ele. É disso que trata Saramago durante a humanização de Jesus Cristo na obra. O Cristo de Saramago vive uma aventura diária que se traduz, numa linguagem técnica, como um processo evolutivo e de desenvolvimento pessoal pelo qual a personagem terá de passar para se humanizar, da hora do nascimento até a morte. Para José Saramago, ser homem já é ser um herói. Mesmo assim, o autor vai insistir que sua personagem principal passe pela provação das etapas heroicas.

Joseph Campbell, ainda na obra *O herói de mil faces*, apresenta o conceito de que todas as histórias têm a mesma estrutura, mesmo que sejam contadas com algumas variações, adaptadas `a realidade de quem as conta. A aventura do herói, em si, é sempre igual, em qualquer circunstância. As trajetórias dos heróis vêm seguindo roteiros parecidos através dos tempos, não importando o tipo de expressão artística adotada pelo autor. Campbell vai chamar as histórias que estão dentro de outras histórias a respeito da construção de uma identidade heroica de "a jornada do herói mitológico ou monomito" (CAMPELL, 2007, p. 74). Convém destacar o trecho de Campbell quanto a esta afirmação:

> Além disso, nem sequer teremos que correr os riscos da aventura sozinhos; pois os heróis de todos os tempos nos precederam; o labirinto é totalmente conhecido. Temos apenas que seguir o fio da trilha do herói. E ali onde pensávamos encontrar uma abominação, encontraremos uma divindade; onde pensávamos matar alguém, mataremos a nós mesmos; onde pensávamos viajar para o exterior, atingiremos o centro da nossa própria existência; e onde pensávamos estar sozinhos, estaremos com o mundo inteiro. (CAMPELL, 2007, p. 74)

A partir dessa teoria, Campbell estabelece a trajetória do herói, sendo a primeira etapa a de sair de um lugar confortável e comum para iniciar uma jornada por um local totalmente desconhecido. Será nesta etapa que o herói vai enfrentar suas maiores dificuldades, geralmente vencendo-as. A segunda etapa é a de retornar para o lugar de onde o herói veio, em outras palavras, retornar \`as suas origens, agora, transfigurado, modificado para melhor, com a missão, já na terceira e última etapa, de compartilhar com os outros as lições de vida que as experiências pelas quais ele passou lhe ensinaram. Corroborando as palavras de Campbell, a estudiosa Carol Pearson disse que "todo aquele que empreende uma jornada já é um herói" (PEARSON, 1998, p. 37). Mais uma voz que confirma a heroicidade como um processo em construção.

Foi dessa forma que, partindo de afirmações como estas, se tornou possível enxergar o aspecto heroico da humanização do Cristo de Saramago. A descrição do nascimento de Jesus feito pelo autor português, que vem à vida todo sujo, por meio do ato sexual, como toda criança humana, foi o pontapé inicial para sustentar nossa argumentação acerca de um Cristo humanizado, não menos herói por ter nascido nessas circunstâncias, como qualquer ser humano:

> O filho de José e de Maria nasceu como todos os filhos dos homens, sujo do sangue de sua mãe, viscoso das suas mucosidades e sofrendo em silêncio. Chorou porque o fizeram chorar, e chorará por esse mesmo e único motivo. (SARAMAGO, 1998, p. 54)

O trecho marca a primeira etapa da construção deste herói humanizado: a infância, que corresponderia à primeira etapa da trajetória do herói, a etapa do "chamado", como é nomeada por Campbell (2007, p. 57).

Na medida em que vai crescendo, as atitudes do Cristo, de Saramago, são todas as de um jovem comum, que vive com sua família, constituída pelo pai, pela mãe e pelos oito irmãos mais novos. Quando José, o pai biológico de Jesus Cristo morre, crucificado, por ter sido confundido com um bandido, o filho mais velho, Jesus, passa a tomar o lugar do pai no que diz respeito ao sustento da casa. Neste momento, temos o início da segunda etapa, marcada pela adolescência, e reconhecida como a "iniciação", para Campbell (2007, p. 102), quando Jesus sai do mundo comum da infância, para assumir novas atribuições, por onde passará por várias dificuldades que o farão se tornar um homem comum, dividido, a partir de então, com as incumbências a ele também atribuídas pelo lado espiritual: o de sacrificar-se pela humanidade como o Filho de Deus. É neste instante que a citação de Carol Pearson, feita há pouco, faz muito sentido para a obra de Saramago: quem empreender uma jornada, seja ela qual for, já é um herói por si só. Sob este olhar, não há como não nos sentirmos também caminhando ao lado deste Cristo, também construindo nossa heroicidade.

É em meio a toda esta circunstância que a trajetória do herói se apresenta. Não existe outra condição que garanta a heroicidade que não passe pelas três etapas básicas, aprendidas com Campbell, em *O herói de mil faces*: a "separação ou a partida"; a "iniciação" e o "retorno" (CAMPELL, 2007, p. 59, 102 e 195, respectivamente). Segundo este estudioso, um indivíduo geralmente se afasta do padrão de vida em que se encontra, passando por um período de iniciação em que é introduzido às formas e aos sentimentos apropriados a sua nova condição de vida. Assim, este ser, escolhido pelo destino ou motivado por uma vontade própria por meio de seu livre arbítrio, estaria pronto para enfrentar os desafios desta nova fase da vida: após finalizar o aprendizado necessário para esta nova condição, ele será devolvido à comunidade à qual pertence, renovado, como se tivesse nascido novamente.

Este é o percurso padrão estabelecido por Campbell para a trajetória do herói, considerado por ele como a unidade nuclear do monomito, um herói vindo do mundo cotidiano se aventura numa região de prodígios sobrenaturais; ali encontra fabulosas forças e obtém uma vitória decisiva; o herói retorna de sua misteriosa aventura com o poder de trazer benefícios aos seus semelhantes. (CAMPELL, 2007, p. 15)

O Cristo de Saramago viverá estas etapas, porém não como esperaria Campbell, que previa tão somente a construção do herói deificante e/ou deificado, desligando-se de sua condição humana. O herói construído por Saramago segue as mesmas etapas dos heróis clássicos, buscando, porém, sua heroicidade humana. Uma das passagens mais significativas na obra premiada em 1998 com o Nobel, que ilustra este aprendizado invertido, refere-se à passagem em que o Cristo, de Saramago, nada aprende com o Pastor, metáfora do Diabo, que confirma, de vez, sua condição humana, e não a divina, como seria de se esperar numa circunstância mística como esta.

Podemos perceber também a importância do simbolismo presente no herói humanizado de Saramago, que simboliza a sabedoria, o perdão, a redenção, o amor e a humanidade. O que vai causar estranheza é que mesmo tendo aparência jovem, rebelde, este Cristo é tido como uma referência, como um símbolo, por assim dizer, de uma sabedoria que nasceu com ele, mas que vai tornando-se humana a cada dia que passa.

Neste processo de tornar-se humano, certos aprendizados não acontecem, como é o caso da passagem, citada há pouco, em relação ao breve convívio entre Jesus e o Pastor. Numa construção heroica padrão, como geralmente acontece com os heróis clássicos, todo tipo de aprendizado cuida para que haja um aprimoramento durante o processo de heroicidade. O Cristo, de Saramago, tem de aprender, em toda a sua juventude, a lidar com a condição de ser um homem comum para entender a importância da carga de responsabilidade a ele atribuída pelo lado cristão. Uma tarefa nada fácil.

O que nos aproxima desse jovem, que vive um momento de dúvida quando passa a saber a verdade a respeito de seu pai biológico, José, relacionada ao grave pecado a ele atribuído quanto à omissão para os demais pais de que haveria um infanticídio imposto aos menores de três de idade, por ordem de Herodes, na época em que Jesus era uma criança ainda de colo, serviu para abalar as concepções de vida e de realidade deste Cristo em vias de humanização. Como lidar com duas realidades, a divina e a humana? Como se impor perante a vida, como Filho de Deus e como um homem comum?

É nesse instante que podemos constatar o início da trajetória humana, de forma concreta, deste Cristo, questionador, no romance de Saramago, que resolve sair de casa e ir à procura de suas origens, dirigindo-se a Belém para saber mais acerca de seu nascimento e a consultar-se no Templo sobre os fatos dos quais ainda têm várias dúvidas. Se recorrermos à trajetória vivenciada por outros heróis, como Hércules, Aquiles ou Ulisses, será possível perceber vários pontos comuns que os levaram a iniciar este processo de busca por si mesmos.

Sabemos, por meio da leitura do romance de Saramago, que a atitude de omissão quanto ao infanticídio, praticada por José, vai configurar-se no núcleo dramático que tecerá toda a obra. O preço deste pecado, cometido pelo pai biológico de Jesus Cristo, foi um sonho que José tinha toda noite. Esse sonho se resumia em ele, José, ter de matar seu único filho. O fato de José ter omitido o futuro sacrifício dos inocentes aos respectivos pais nos revela uma diferença entre a história bíblica e a contada por Saramago. Essa matança é o ponto central que faz do Cristo, de Saramago, o principal protagonista de sua história, por ser questionador, rompendo com a versão bíblica, na qual o Jesus Cristo, concebido de acordo com o dogma cristão, não questionar, em momento algum, o destino a ele atribuído por Deus.

Na obra de Saramago, é o pecado de seu pai, José, o qual Deus não faz questão alguma de perdoar, que move este Cristo em busca de sua origem e identidade, que o faz confrontar-se com sua mãe em vários momentos no romance, e também o faz seguir um anjo, que talvez seja o próprio Diabo, com quem conviverá por quatro anos, e com quem pouco ou quase nada aprenderá, o que muito vai contribuir para a sua humanização. Quanto menos este Cristo souber acerca da vida e de seus mistérios, melhor para a sua humanização. Outro aspecto importante nesta segunda etapa da trajetória do herói, vivenciada pelo Cristo, de Saramago, liga-se ao contato de Jesus Cristo com Maria de Magdala.

O relacionamento vivido por eles nos oito dias em que Jesus esteve na casa de Maria de Magdala traz novos indícios da trajetória de humanidade buscada por ele. A forma como se deu o primeiro contato entre os dois, durante o retorno dele, após despedir-se dos futuros apóstolos, Tiago e João, ficando Jesus, em seguida, com os pés machucados devido à pescaria praticada com aqueles dois, isto vai levá-lo a pedir abrigo na casa de Maria de Magdala, que o recebe e o cura. Jesus, que deveria curar, pois tem o poder da cura, é curado por ela, uma prostituta, como vem a saber logo em seguida. O Cristo, de Saramago, não se importa com o fato de ela ser uma prostituta. Maria de Magdala, então, o cura, o serve e o inicia na vida sexual. Após os oito dias de envolvimento físico, Jesus diz a ela que ele irá à casa da mãe biológica, Maria de Nazaré, deixando bem claro que voltará para ficar com ela, Maria de Magdala. É a partir desse momento que ela deixa de ser prostituta.

Ainda neste processo de iniciação, Jesus, ao chegar à casa de sua mãe, é recebido por ela e pelos irmãos. Ele comenta sobre suas andanças, suas experiências e, principalmente, a respeito de seu encontro com Deus. Neste momento, tanto sua mãe como seus irmãos, nenhum deles acredita que Jesus tenha, de fato, conversado com Deus. Revoltado, ele vai embora, retornando à casa de Maria de Magdala. Lá, Jesus diz a ela tudo o que disse à mãe e aos irmãos e, ao contrário da atitude daqueles, esta acredita em Jesus. Eles passam a ter uma vida comum, como homem e mulher, e vivem do fruto do trabalho deles, ligado à pescaria.

Paralelamente a sua rotina humana de vida, Jesus começa a realizar os milagres, como acalmar o mar, abençoar as pescarias, multiplicar os alimentos e expulsar a legião de demônios que atormentava um homem, lançando-a aos porcos. Estes mesmos demônios dizem a Jesus que ele é o Filho de Deus.

E assim sua rotina, divina e humana, por assim dizer, vai sendo vivida nos rigores do tempo. Esta é a terceira etapa, que sob a óptica de Campbell, na construção da figura heroica, é representada pelo "retorno" (CAMPELL, 2007, p. 195).

Essa fase vai durar até o momento em que ocorre a morte física, quando Jesus é levado até a Pilatos para ser interrogado pelo governador romano. Jesus é questionado por aquele em relação ao fato de denominar-se rei dos judeus. Por isso, é condenado. Jesus diz já saber que morreria, quando se encontrasse nessa circunstância, e escolhe a crucificação.

Quase no fim do livro, Jesus rejeita o pai celestial, perdoa e aceita o pai biológico, tornando toda a sua trajetória mais humana do que propriamente divina. Nas palavras de Campbell, acerca do retorno do herói, temos o seguinte:

> O trabalho final é o retorno. Se as forças abençoarem o herói, ele agora retorna sob sua proteção (emissário); se não for esse o caso, ele empreende uma fuga e é perseguido (fuga de transformação, fuga de obstáculo). No limiar de retorno, as forças transcendentais devem ficar para trás; o herói reemerge do reino do terror (retorno, ressurreição). A benção que ele traz consigo restaura o mundo (elixir). (CAMPELL, 2007, p. 197)

O Cristo, de Saramago, iguala-se a nós em nossas fragilidades humanas e na força espiritual que rege o homem ao longo de sua existência. Somente sendo muito humano para ele ser dono de seu próprio caminho.

Em *O evangelho segundo Jesus Cristo*, José Saramago buscou evidenciar, a todo instante, este Cristo humanizado, afirmando: "Meu Jesus é só um homem" (SARAMAGO, 1998, p. 32). Seu objetivo não foi confrontar os evangelhos e nem mesmo servir de justificativa para que os descrentes reafirmassem suas dúvidas quanto ao aspecto divino de Jesus Cristo. Seu objetivo foi apenas o de enaltecer o homem Cristo.

É neste momento, a partir da teoria de Carl G. Jung a respeito do inconsciente coletivo e dos arquétipos, que podemos fazer uma correlação com o Cristo humanizado de Saramago, seu psiquismo, e tudo o que possa ser relacionado desse Cristo com as atividades produzidas e acumuladas ao longo da história pelos indivíduos de todos os tempos e pelas influências que este ser no processo de heroicidade certamente traz de outros povos. Segundo o olhar de Jung, trata-se de um fato comum, em situações como essa, que envolvem figuras heroicas, durante o aprendizado pelo qual elas devam passar, uma associação da heroicidade com o sofrimento humano. Isto fica mais evidente quando relembramos os aspectos que caracterizavam o Cristo na obra de Saramago, como a juventude, a rebeldia e a missão que ele tinha de cumprir em sua existência terrena como o Filho de Deus.

Dessa maneira, podemos perceber no Cristo, de Saramago, aquilo que Jung chama de inconsciente coletivo, e que se refere ao que é herdado de um povo para o outro, um resultado de inúmeras repetições de atitudes e de condutas que sempre existiram, e que ainda se reproduzem nas atitudes das gerações atuais e vindouras. São os motivos, as imagens, os sonhos e os desejos que sempre nascem e renascem no ser humano. Por essa razão é que a figura do Cristo, de Saramago, permitiu a leitura intertextual, porém, de forma invertida, em relação à trajetória de heróis tão caros na mitologia grega. Em sendo assim, associando o entendimento da teoria do inconsciente coletivo, de Jung, com a construção da heroicidade invertida do Cristo, de Saramago, podemos entender o sentido do inconsciente coletivo aplicado à leitura deste Jesus da seguinte maneira: as várias possibilidades de leitura da simbologia que este Cristo nos desperta, é isto que está relacionado com o inconsciente coletivo, pois se trata de um assunto impossível de ser totalmente esgotado pelo crivo humano. É algo sempre instigante, uma vez que confunde, perturba e fascina em qualquer momento da vida.

Além disso, a combinação desses dois pontos de vista nos confirma que o inconsciente não é individual, mas universal, coletivo. A atitude dos heróis de todos os tempos, em meio às buscas que são empreendidas por eles, é, no final das contas, a mesma em todos os lugares. O herói, em qualquer que seja a sua trajetória, não se desenvolve individualmente, mas a partir de outros heróis e do que as outras pessoas pensam. Eles representam pensamentos e lembranças compartilhadas pela humanidade, como nos diz Jung:

> Inconsciente coletivo reúne, assim, o indivíduo e o mundo. Mundo e indivíduo são partes de um mesmo todo, isto é, todos os seres e a vida humana fazem parte de uma grande tessitura toda interligada. O inconsciente coletivo nos parece como uma rede em que todas as formas de vida estão inter-relacionadas em que os opostos se anulam. (JUNG, 2000, p. 111)

A passagem acima, que nos apresenta a compreensão do sentido do termo arquétipo sob o olhar psicanalista, aproxima ainda mais o universo mítico e heroico daquele psicológico, buscado como meio de embasar a tese proposta para este estudo. Ainda a respeito dos arquétipos, Jung diz que "essas imagens se originam de uma repetição constante de uma mesma experiência durante gerações e tendem a produzir a repetição e elaboração dessas mesmas experiências em cada geração." (JUNG, 2000, p. 113). Por essa razão é que se procedeu à escolha de aproximar-se a trajetória dos heróis clássicos e a leitura do Cristo humanizado de Saramago, para que pudéssemos estabelecer as três etapas pelas quais o Cristo deverá passar em seu processo invertido de heroicidade, uma vez que sempre haverá uma manifestação do inconsciente coletivo nas atitudes dos heróis de todos os tempos, em qualquer lugar.

As sociedades antigas tinham em seus mitos presenças de indivíduos valentes, destacados e diferentes dos outros homens, que eram chamados de heróis. Desse modo, o nascimento do herói e, por consequência, de sua trajetória, deu-se por meio dos mitos, ou seja, os heróis nasceram dos mitos, "o mito corresponde às crenças de um povo, do conjunto, da comunidade, da coletividade. Por isso, ele se torna a 'verdade' desse povo. Não é a 'verdade' comprovada em laboratório, mas a 'verdade' de uma mentalidade coletiva". (ELIADE, 2000, p. 98). A figura do Cristo de Saramago ganha força nesta concepção, ainda mais quando o que está em pauta é a humanização de um ser divino.

Com isso, buscando em Eliade mais um reforço à tese deste trabalho, está comprovado que os mitos significam a 'verdade' para determinado tipo de sociedade:

O mito narra como uma realidade passou a existir, seja uma realidade total, o Cosmo, ou apenas um fragmento: uma ilha, uma espécie vegetal, um comportamento humano, uma instituição. É sempre, portanto, a narrativa de uma "criação": relatando de que modo algo foi produzido e começou a ser. Os personagens dos mitos são os entes sobrenaturais. Eles são conhecidos, sobretudo, pelo que fizeram no tempo prestigioso dos "primórdios". É em razão das intervenções dos entes sobrenaturais que o homem é o que é hoje, um ser mortal, sexuado e cultural. (ELIADE, 2000, p. 123)

De acordo com os dicionários, de forma geral, o termo herói é definido como um homem extraordinário por suas qualidades guerreiras, triunfos, valor ou generosidade. Para Campbell,

> um herói é aquele que conseguiu vencer suas limitações históricas, pessoais e locais e alcançou formas válidas e humanas [...] Esses têm visões e inspirações vindas das fontes primárias da vida e do pensamento humano. (CAMPELL, 2007, p. 147)

É o que testemunhamos em relação ao processo de humanização do Cristo, de Saramago.

É em meio a todas estas afirmações que procuramos situar o Cristo humanizado de Saramago. O referido autor nos apresentou a história de Jesus Cristo de uma forma realista. A vida de um homem que foi gerada do mesmo modo como a vida de tantos outros. O Cristo, de Saramago, tem uma mãe e, sobretudo, um pai biológico. Sua família é composta por seus oito irmãos. Quando ele cresce, ele mesmo, com todos os seus dramas pessoais, vai atrás de seus ideais, buscando as respostas as suas perguntas. A diferença entre ele e qualquer outro jovem da época é que normalmente os jovens não são guiados por anjos, como aconteceu com o Cristo, de Saramago. Ele foi designado, pelo próprio Pai, o Deus, para uma missão que lhe trará dor e sofrimento, e ele contesta o destino imposto a ele. Será que o ato de contestar é motivo suficiente para desmerecer a humanização deste Cristo?

Referências

BERRINI, B. (Org.). *José Saramago*: uma homenagem. São Paulo: Educ, 1999.

CAMPBELL, J. *O poder do mito*. São Paulo: Palas Athena, 1999.

______. *O herói de mil faces*. São Paulo: Cultrix/Pensamento, 2007.

DIAS, M. H. M. *A operação lúdica com a linguagem*: poder e manipulação. GEL: Estudos Linguísticos, 2000. V. 29.

ELIADE, Mircea. *Aspectos do mito*. Lisboa: Edições 70, [s.d.].

______. *Imagens e símbolos*. São Paulo: Martins Fontes, 1991.

______. *O sagrado e o profano*: a essência das religiões. São Paulo: Martim Fontes, 1992.

______. *Mito e realidade*. Tradução Pola Civelli. São Paulo: Perspectiva, 2000.

FERRAZ, S. *O quinto evangelista*: o (des)evangelho segundo José Saramago. Brasília: Universidade de Brasília, 1998.

FLORES, M. C. A transgressão iniciática de Jesus segundo José Saramago. In: *Boletim do CESP*. v. 19, n. 24, jan./ jun. 1999.

JUNG, C. G. *O homem e seus símbolos*. Tradução Maria Luiza Appy; Dona Mariana R. Ferreira da Silva. Rio de Janeiro: Vozes, 2000.

______. *Os arquétipos e o Inconsciente Coletivo*. Tradução Maria Luiza Appy; Dona Mariana R. Ferreira da Silva. Rio de Janeiro: vozes, 2000.

PEARSON, C. S. *O despertar do herói interior*: a presença dos doze arquétipos nos processos de autodescoberta e de transformação do mundo. Tradução Paulo César de Oliveira. São Paulo: Pensamento, 1998.

SARAMAGO, J. Doutor Honoris Causa da UFMG. Belo Horizonte: UFMG, Faculdade de Letras, 1999. (Discurso).

______. *O Evangelho Segundo Jesus Cristo*. São Paulo: Cia. das Letras, 1999.

VIEIRA, A. C. Das histórias ao indivíduo ou da excepção ao banal na escrita de Saramago. In: *Colóquio Letras*. Lisboa: Fundação Calouste Gulbenkian, n. 151/152, jan./jun. 1999.

O vendedor de passados

Camila de Oliveira Sandre &
Letícia Carlassara Pontes

> *A África permanece desconhecida entre nós, ainda que todos os dias algo venha nos lembrar dos laços que a ela nos unem.*
>
> Rita Chaves

Introdução

O objeto de estudo deste artigo é o romance *O vendedor de passados*, do escritor angolano José Eduardo Agualusa.

A primeira parte do trabalho é dedicada ao autor dessa obra, que fez da escrita uma arma para denunciar as mazelas de seu povo.

A segunda parte traz um breve panorama histórico do continente africano e das lutas pela independência de Angola.

A terceira parte apresenta a análise crítica do romance, em que destacaremos os elementos da narrativa e alguns fatos históricos que ajudaram a compor as nossas observações a respeito da obra.

O romance, na sua vez, traz uma reflexão sobre o pós-guerra civil de Angola e mostra a história de um povo em busca de sua identidade, tendo de carregar o legado hostil de um cenário de horrores vivido por toda uma nação.

A cada dia, o país se reconstrói, buscando transpor todas as barreiras que o afastam da prosperidade, como o preconceito, a miséria, a fome, decorrentes de anos de exploração estrangeira:

> Em constante reconstrução, Angola está se recuperando. A capital, Luanda, tem novos planos de urbanização e vive um crescimento promissor. O português foi adotado como língua oficial, mas no dia a dia predominam idiomas como quimbundo, umbundo, cuanhama, quicongo e hereró, entre outros. (CHAVES, 2010, p. 141)

Mesmo usando falares africanos para se comunicar no cotidiano, uma das línguas oficiais em Angola é a língua do colonizador que ficou como idioma de unificação. Por isto, as literaturas em Língua Portuguesa são um meio de fortalecer os laços entre os países lusófonos, tornando mais fácil o intercâmbio de suas culturas. Por isto também, propusemos a análise de um romance angolano. Como a língua que o veicula é a mesma do Brasil, sentimo-nos mais próximos do conteúdo que, indubitavelmente, dialoga com estruturas de realidade.

Ainda a respeito da literatura, que se faz necessária para o conhecimento de novas culturas, impugnando assim a intolerância contra o que é diferente, podemos citar a reflexão feita por Rita Chaves, no livro *Contos africanos:*

> [...] se similaridades podem nos aproximar, diferenças não precisam nos afastar. O encontro será mais sólido se o conhecimento ajudar a combater os preconceitos e outros fantasmas. E a literatura é um bom caminho [para isto]. (CHAVES, 2010, p. 10)

José Eduardo Agualusa: um "afro-luso-brasileiro"

A vida não está na obra, nem a obra na vida,
e contudo elas se envolvem reciprocamente.

Dominique Maingueneau

José Eduardo Agualusa Alves da Cunha nasceu em Huambo, Angola, em 1960. Ele se define como "afro-luso-brasileiro", pois descende de família portuguesa (lado paterno) e brasileira (lado materno).

Estudou agronomia e silvicultura em Lisboa, Portugal. Na universidade tomou gosto pela escrita, criando, com um grupo de estudantes, a revista *Caminho Longe.*

Em 1988, publicou um romance histórico, *A Conjura*, sua primeira obra. Desde então, redigiu romances, crônicas, contos, sendo traduzido para diversos idiomas.

Além de livros, Agualusa também escreveu peças de teatro como *Aquela Mulher e Chovem amores na Rua do Matador*, esta última em parceria com o também escritor e amigo, o moçambicano Mia Couto.

Escreveu obras como: *Nação crioula, O vendedor de passados, As mulheres de meu pai, Um estranho em Goa, Manual prático de levitação, Barroco tropical* (este último, considerado pelo próprio escritor como o seu melhor livro), entre outras.

O vendedor de passados lhe rendeu o prêmio de ficção estrangeira, promovido pelo jornal britânico *The Independent* e serviu como base para a criação do filme de mesmo nome, que trata de amores contemporâneos; foi gravado no Brasil, no início de 2012. Da mesma maneira, *Nação crioula* será adaptado para cinema e televisão. Agualusa acredita que os filmes podem formar novos leitores e que são uma forma de divulgar o seu trabalho. O escritor angolano expôs essa opinião, quando entrevistado pela *Veja*:

> O que mais me seduz na literatura é formar plateias. E acho que um filme pode fazer gente que não tem o hábito da leitura interessar-se por um autor e começar a ler sua obra.

Em entrevista à revista *Época*, José Eduardo Agualusa diz ainda que "um grande romance deve ser feito com raciocínio, mas também com paixão, as vísceras e o coração". Segundo ele, "é difícil escrever, quando se descrê completamente da vida".

Agualusa escreve com paixão e sensibilidade. Isto pode ser percebido pela resposta dada ao programa Roda Viva, quando questionado sobre como consegue diferenciar o que vai ser um romance ou um conto: "você vê a respiração do texto", ele afirma.

O escritor considera as viagens e as pessoas como fonte de inspiração: "viajar ainda é a melhor maneira de um escritor se inspirar". Agualusa acredita que o escritor é um "caixeiro viajante da própria obra"; por isso, não deixa de viajar divulgando o seu trabalho. Não tem morada fixa, mas, preferivelmente, se estabelece em territórios de língua portuguesa.

Quando indagado pela revista *Época* sobre o que o motiva a escrever, ele explicou que,

> para elaborar um romance, é necessário algum planejamento, e tomo muitas notas à mão ao viajar. Ainda assim, quando começo a escrever, no *laptop* ou no computador, não sei qual será o fim do enredo. Ao longo do livro, sou conduzido pelos personagens. Sou surpreendido da mesma maneira que o leitor. Escrevo porque quero saber o final das histórias.

O jornalista faz parte da União dos Escritores Angolanos. Ele escreve crônicas para a revista *LER* e produz um programa com músicas e textos africanos, "A hora das cigarras", para a RTP (Rádio e Televisão de Portugal).

Com simplicidade e concisão, Agualusa expõe ao mundo, via literatura majoritariamente, a complexa história de seu país, a cultura dos países lusófonos e apresenta "a forma de como o absurdo se instala na sociedade e as pessoas lidam com ele, como se fosse algo natural", conforme disse em entrevista ao programa Roda Viva. Em *O vendedor de passados*, esta naturalidade é percebida, quando a falsificação de passados é tida como um respeitável ofício.

Mesclando o real e o maravilhoso, o escritor itinerante leva um pouco do mundo a Angola e apresenta o mundo crioulo a outros territórios, tentando transmitir de forma simples conceitos ou histórias complexas.

África: "mosaico de heterogeneidades"

> *Todos os seres humanos nascem livres e iguais em dignidade e em direitos. Dotados de razão e de consciência, devem agir uns para com os outros em espírito de fraternidade.*
>
> Artigo 1º
> Declaração Universal dos Direitos Humanos

> *África vive uma tripla condição restritiva: prisioneira de um passado inventado por outros, amarrada por um presente imposto pelo exterior e, ainda, refém de metas que lhe foram construídas por instituições internacionais que comandam a economia.*
>
> Mia Couto

Durante séculos, o continente africano foi marcado pela discriminação e as identidades dos diversos povos foram reduzidas a questões de raça, segundo as quais "o 'ser' africano não deriva[ria] da história, mas da genética"[1]. Aos poucos, essas noções estereotipadas e preconceituosas de um "povo exótico" vêm sendo dissolvidas por estudos históricos e críticos acerca do continente.

Vale ressaltar a importância da tradição oral para a historiografia. Ela não trata somente de imortalizar fatos épicos, mas também de revelar o cotidiano, os costumes de um povo, os diversos tipos físicos, as línguas e o lugar de cada homem na sociedade.

Desde a África pré-colonial, a maneira mais violenta e desumana de comércio esteve presente em território africano: a comercialização da população negra. As pessoas eram separadas de suas famílias, torturadas, humilhadas, levadas para outros territórios e submetidas a trabalho forçado.

Entre os séculos VIII e XVI, a escravização se dava basicamente no interior do continente e ocorria por conta de "guerras internas", "fome" e "penhora humana" (HERNANDEZ, 2005, p. 37).

1. COUTO, M. Prefácio. In: HERNANDEZ, L. M. G. L. *A África na sala de aula*: visita à história contemporânea. São Paulo: Selo Negro, 2005.

> Contudo, parte significativa das fontes permite afirmar que adensado a partir do século XII, ainda assim, o comércio de escravos era inferior ao do ouro, material necessário para a cunhagem de moedas feitas ao redor do Mediterrâneo. (HERNANDEZ, 2005, p. 38)

O tráfico negreiro externo, por seu turno, foi mais intenso "desde 1575, quando as regiões das Américas portuguesa, francesa, britânica e espanhola tornaram-se um mercado em franco crescimento para os negreiros" (HERNANDEZ, 2005, p. 49-51). Os negros, feitos cativos por dívidas, desafetos políticos e guerras entre etnias eram trocados por tabaco, aguardente, armas de fogo, entre outras mercadorias.

Com o tempo, o tráfico de escravos para a América se tornou uma atividade lucrativa. Nota-se, pois, que "[...] não é possível duvidar do grande interesse e empenho de metrópoles europeias pelo tráfico Atlântico; também é necessário partilhar a ideia de que o tráfico, no seu conjunto, diminuiu ao longo do século XIX" (HERNANDEZ, 2005, p. 51).

Não se deve esquecer, entretanto, que a violência contra as ditas raças inferiores, perdurou até o século XX. O racismo e o darwinismo social, que pregava a superioridade da raça branca (a mais forte), foram usados como justificativas para atrocidades cometidas durante o nazismo, o stalinismo e o *apartheid*.

A respeito do processo de desbravamento do continente, a participação de missionários e exploradores foi essencial. Os missionários, além de cristianizar os povos, levavam a eles os valores da Europa ocidental e os exploradores alimentavam o imaginário europeu sobre a África como um lugar de grandes riquezas e de feras monstruosas.

Envolvido neste mesmo processo, também encontramos Portugal que, em crise financeira entre 1850 e 1880, lança um novo projeto colonial, idealizando o

> [...] "mapa cor-de-rosa", uma colônia transcontinental angolo-moçambicana, visando a unificar Angola, Moçambique, uma parte do baixo Congo, quase toda Zâmbia e o Zimbábue em um único território que reeditava na África a ideia da construção de um novo Brasil. (HERNANDEZ, 2005, p. 508)

Além disso, o novo projeto também reaviva o imaginário europeu, fundamentado em mitos nacionalistas, como o do "Eldorado", o da "Herança Sagrada", usados como justificativa para a exploração e a dominação, e o do "Retorno de D. Sebastião", para redimir Portugal. O primeiro (O Eldorado)

> [...] era constituído por quatro elementos: a crença inquestionável de que as colônias africanas possuíam riquezas, a ideia de que o projeto colonial na África compensaria a perda do Brasil, sendo fundamental para regenerar a nação portuguesa, permitindo-lhe cumprir o seu destino com o estatuto de grande potência, e a ideia de que, embora fosse uma nação espalhada por vários continentes, manteria sempre sua integridade nacional. (HERNANDEZ, 2005, p. 505)

O segundo (A Herança Sagrada)

> [...] formou-se por um processo de individuação explicado pela crença de que a "Divina Providência" teria feito as nações e os homens desiguais ao criá-los como civilizados ou não, mas que poderiam igualar-se pelo trabalho. Esse mito apresentava como fatores constitutivos as ideias de que: Portugal era uma expressão da vontade de Deus; o seu povo tinha uma existência pontuada por milagres, devido a uma predileção divina; a sobrevivência da nação era simbolicamente identificada como uma ilha que dependia da existência do império; o povo português era *o povo de Cristo*, cujo principal papel fora o de descobridor e colonizador nas terras da África, do Oriente e do Brasil. (HERNANDEZ, 2005, p. 505)

E o terceiro (O Retorno de D. Sebastião)

> [...] [disseminava] a crença messiânica no regresso de D. Sebastião, morto no combate contra os mouros em Alcácer-Quibir, em 1578, o que fez de Portugal o primeiro reino da Península Ibérica a libertar-se do Islã e, portanto, constituir-se fronteira da cristandade. O sebastianismo, como salienta Eduardo Lourenço, compôs-se em uma crença em um passado religioso que continha, em particular a sacralização de suas origens, um presente virtual e um futuro sonhado que sustentava a inquestionável afirmação de que Portugal tinha uma existência imortal. (HERNANDEZ, 2005, p. 508 e 509)

Em concomitância a tudo o que foi dito anteriormente, as viagens exploratórias no continente africano "tornaram acaloradas as discussões sobre a partilha, precipitadas pela forte crise do Império Otomano e pelo final do trato negreiro" (HERNANDEZ, 2005, p. 59). Para tanto, de 15 de novembro de 1884 a 26 de fevereiro de 1885, ocorreu a Conferência de Berlim, em que foram traçadas as fronteiras coloniais do continente africano. Os principais objetivos que constavam na ata geral da Conferência eram

> [...] assegurar as vantagens de livre navegação e livre comércio sobre os dois principais rios africanos que deságuam no Atlântico, quais sejam o Níger e o Congo. Visavam a também regulamentar as novas ocupações de territórios africanos, em particular da costa ocidental do continente. (HERNANDEZ, 2005, p. 62)

Por isto, o artificialismo das fronteiras nacionais traz problemas ao continente até os dias de hoje,

> [...] por vezes potencializando uma série de conflitos de intensidade variável que, rompendo os limites territoriais de cada país, encontram condições propícias para se regionalizar. É preciso sublinhar que a "questão étnica", apontada como causa de praticamente todas as "guerras internas" na África, é fruto da manipulação política, em grande parte das vezes, segundo interesses econômicos e políticos de alguns setores das elites africanas associados às empresas europeias e norte-americanas. (HERNANDEZ, 2005, p. 67-69)

Em época de conquistas, no imperialismo colonial de fins do século XIX, o Estado, a polícia e o exército usavam da força física para dominar os colonos e obrigá-los à obediência. O racismo, a burocracia colonial, o expansionismo e a violência foram marcas do processo de colonização.

A elite africana que vivia em Portugal reconhecia "a importância das liberdades de expressão, política e religiosa", mas não condenava "os sistemas coloniais, nem o traçado das fronteiras, a conquista e o domínio efetivo dos territórios do continente africano" (HERNANDEZ, 2005, p. 520).

No mundo luso, as discussões acerca das liberdades essenciais a qualquer ser humano e das lutas de independência se tornaram mais consistentes anos e anos depois, com

> [....] a "Casa dos Estudantes do Império Português", o centro efetivo de reunião dos estudantes das colônias, dela participando Vasco Cabral, Amílcar Cabral, Agostinho Neto, Luís Motta e Marcelino dos Santos, entre outros. Instituída pelas autoridades salazaristas pouco antes da Segunda Guerra Mundial, paradoxalmente foi o lugar no qual vieram a ser discutidos temas como a independência, a unidade africana, o desenvolvimento e o socialismo, além da organização da luta [pela independência]. (HERNANDEZ, 2005, p.521)

As lutas contra a dominação colonial ganharam força com a Declaração Universal dos Diretos Humanos (1948) e, evidentemente, com a Revolução dos

Cravos (25 de abril de 1974), movimento liderado pelos militares do MFA (Movimento das Forças Armadas), que derrubou o regime salazarista, marcando o fim da ditadura do Estado Novo português e que

> [...] foi um dos elementos condicionantes para a mudança do curso dos acontecimentos, deixando claro para os movimentos de independência que a autodeterminação (a independência) estava próxima. (HERNANDEZ, 2005, p. 580)

Entre 1974 e 1975, Angola – geografia de nosso especial interesse nesse artigo – passou por um governo de transição, seguindo o Acordo de Alvor assinado pelo governo português, pelo MPLA (Movimento Pela Libertação de Angola), pela FNLA (Frente Nacional de Libertação de Angola) e pela Unita (União Nacional para a Independência Total de Angola).

"Depois do período de transição, em 11 de novembro de 1975 o MPLA, sob a direção de Agostinho Neto, depois de 14 anos de luta, proclamou a independência, reconhecida pelo governo português" (HERNANDEZ, 2005, p. 582).

Mas a guerra civil só teve fim em 3 de abril de 2002, quando "o Parlamento angolano aprovou uma lei em que foram anistiados todos os crimes contra a segurança do Estado, cometidos no contexto do conflito armado angolano" (HERNANDEZ, 2005, p. 582).

A discriminação, a segregação racial, a perseguição étnica, o domínio, a escravidão, a partilha e o colonialismo deixaram profundas marcas no continente africano, como a fome e a miséria, que são uma pequena parte da imensa dívida deixada pela exploração europeia.

A vontade, no entanto, de transpor as frágeis fronteiras com ricos intercâmbios culturais entre as suas diversas etnias foi maior. Isto fez com que o povo lutasse para constituir identidades, formar a nacionalidade e afirmar os direitos humanos. A literatura angolana ajudará e muito na estruturação deste ideal.

Eu fiz um sonho ou o falsário de genealogias

> *Acho que aquilo que faço é uma forma avançada de literatura –, confidenciou-me. – Também eu crio enredos, invento personagens, mas em vez de os deixar presos dentro de um livro dou-lhes vida, atiro-os para a realidade.*
>
> José Eduardo Agualusa

O romance *O vendedor de passados*, publicado em 2004, foi escrito por José Eduardo Agualusa.

O início do enredo se dá pela apresentação do narrador, uma osga-tigre (espécie muito rara de lagartixa listrada), que habita a casa de Félix Ventura, o vendedor de passados.

"Eu sonho personagens", disse Agualusa em entrevista ao programa Roda Viva. Assim surgiu a personagem principal do enredo: apareceu em sonho a ele, dizendo se chamar Félix Ventura e vender passados aos novos ricos.

Na mesma entrevista, diz que "os grandes personagens têm que ter uma coisa de crueldade". A crueldade de Félix está em seu ofício, ele cria uma mentira, dando aos seus clientes um passado falso. É um traficante de memórias "que vend[e] o passado, secretamente, como outros contrabandeiam cocaína" (AGUALUSA, 2011, p. 16).

No romance, tudo corria tranquilamente, quando aparece uma figura estranha para visitar Félix, um estrangeiro que se recusava a dizer seu nome e queria um passado novo em folha: outro nome, documentos, uma nova genealogia.

Félix aceita a proposta, depois de muito pensar; afinal ele não era um falsário, fabricava sonhos. Ele também precisava de dinheiro e não eram todos que podiam lhe pagar dez mil dólares por seus serviços.

A personagem protagonista, no romance, é Félix Ventura, também um estranho no ninho, à sua moda um estrangeiro: negro albino, de pele seca, áspera e cor-de-rosa, sempre impecavelmente vestido e muito solitário. Ocupava seu tempo, traçando genealogias para a nova burguesia. Seus clientes eram

> [...] empresários, ministros, fazendeiros, camanguistas, generais, gente enfim, com o futuro assegurado. Faltam a essas pessoas, todavia, um bom passado, ancestrais ilustres, pergaminhos. Resumindo: um nome que ressoe à nobreza e à cultura. (AGUALUSA, 2011, p. 17)

O albinismo é um assunto bastante delicado na África. Em entrevista à Veja, o albino canadense Peter Ash, criador da ONG *Under the Same Sun*, expõe ao mundo as barbáries a que são submetidos os albinos e a luta para que toda essa violência cesse:

> Pescadores tecem fios de cabelo de albinos em suas redes para ter sucesso na pescaria. Mineiros penduram no pescoço amuletos feitos com seus ossos moídos. Quem consegue beber o sangue ainda quente de um albino tem sorte em dobro. Melhor ainda se for de uma criança, pois a pureza infantil intensifica o poder do feitiço[2].

2. Disponível em: http://veja.abril.com.br/300909/comercio-horrores-p-142.shtml.

Apesar de não ser alvo de nenhuma dessas crueldades, Félix sofre com as sua condição, pela sensibilidade de sua pele ao forte calor africano, pela reclusão forçada e pelo preconceito de outras pessoas.

O genealogista, além do seu albinismo e sua respectiva estereotipia, possuía um vasto arquivo de recortes de artigos de jornal e de fitas cassete, pois gostava de "gravar noticiários, acontecimentos políticos importantes, tudo que lhe po[dia] ser útil um dia" (AGUALUSA, 2011, p. 15).

Possuía também milhares de livros, herdados de seu pai adotivo, Fausto Bendito Ventura, um alfarrabista viúvo, que o encontrou dentro de um caixote, deixado na porta de sua casa, "estendido sobre vários exemplares d'*A Relíquia* de Eça de Queirós" (AGUALUSA, 2011, p. 25).

No desenrolar da história, surgem outros personagens para compor a trama, alguns tipos peculiares angolanos, outros mais caricatos e outros que serão a chave para a descoberta de quem é realmente o estrangeiro da proposta. O que ele esconde? O que o levou até Angola? Estava à procura de alguém? Queria se esconder?

A Velha Esperança trabalha na casa de Félix. Ela é uma personagem tipo, que simboliza as tradições africanas e traz consigo a vivência de anos de conflito. Ela pensa ser imortal, pois sobreviveu a um massacre, em 1992, quando da nova fase da guerra civil, que perduraria por mais dez anos. Seria fuzilada; só não morreu, porque, quando chegou a sua vez, acabaram-se as balas.

O antagonista do herói Félix é o estrangeiro, cujo tipo físico se diferencia do de Ventura, sendo ainda associado ao desconhecido, ao macabro:

> [...] um homem alto, distinto, nariz adunco, as maçãs do rosto salientes, bigode farto, curvo e lustroso, como não se usa há mais de um século. Os olhos, pequenos e brilhantes, pareciam apoderar-se de todas as coisas. Vestia um fato azul, de corte antiquado que, no entanto, lhe ficava bem, e segurava na mão esquerda uma pasta de cabedal. A sala ficou mais escura. Foi como se a noite, ou alguma coisa ainda mais enlutada do que a noite, tivesse entrado juntamente com ele. (AGUALUSA, 2011, p. 15)

Tudo no estrangeiro irritava Félix, desde "os modos doces e ao mesmo tempo autoritários, o discurso irônico, o bigode arcaico" (AGUALUSA, 2011, p. 16), até a ideia de criar toda uma genealogia africana para ele, pois era branco.

No primeiro encontro que tiveram, ele confidencia a Ventura: "tive muitos nomes, mas quero esquecê-los a todos. Prefiro que seja você a baptizar-me" (AGUALUSA, 2011, p. 18). Somente depois de muita insistência, revela, ao menos, a sua profissão: "sou repórter fotográfico; recolho imagens de guerras, da fome e dos seus fantasmas, de desastres naturais, de grandes desgraças, pense em mim como uma testemunha" (AGUALUSA, 2011, p. 18).

No segundo encontro, ele diz doer-lhe "na alma um excesso de passado e de vazio". Félix entrega, então, a sua nova genealogia: "José Buchmann, natural de Chibia, 52 anos, fotógrafo profissional" (AGUALUSA, 2011, p. 41).

No decorrer do romance, este personagem sofre transformações. Ele quer tanto acreditar na vida inventada por Félix, que passa a vivê-la intensamente. Muda seu jeito de vestir e falar, e sai à procura de sua "mãe", Eva Miller, uma artista plástica que vivia em Nova Iorque. Ao regressar a Angola, traz consigo a notícia da morte de sua mãe que, mais tarde, sabemos ter sido inventada por ele, a fim de que o próprio Félix acreditasse em sua história.

A personagem secundária, Ângela Lúcia, encanta Félix; ele a descreve como "Pura luz!" (AGUALUSA, 2011, p. 44). Ela é "uma mulher jovem, pele morena e feições delicadas, finas tranças negras à solta pelos ombros. Vulgar. [...] a pele dela reverbera por vezes, sobretudo quando se comove ou se exalta, em cintilações de cobre" (AGUALUSA, 2011, p. 53). No entanto, a sua pele luminosa possui marcas arredondadas, como cicatrizes de queimadura, pelo ventre e pelas costas, as quais ela mantém escondidas. É uma fotógrafa, nascida em 1977, ano do golpe fraccionista (Golpe de Estado fracassado). Apaixonada pela luz, adora observar o céu e fotografar arco-íris.

O ministro, personagem caricata, é

> [...] um homem baixo, gordo, pouco à vontade dentro do próprio corpo. Dir-se-ia que foi rebaixado momentos antes e ainda não se habituou à nova estatura. Vestia um fato escuro, de listras brancas, que lhe caía mal e o atormentava[...]. (AGUALUSA, 2011, p. 119)

Além de lhe criar uma nova genealogia, Félix também redige a sua biografia, intitulada *A Vida Verdadeira de Um Combatente*. O ministro da Panificação e Laticínios, também dono da rede de padarias União Marimba, se orgulha imensamente de suas falsas origens. Quando sua obra (a biografia escrita por Félix) for publicada,

> [...] a história de Angola ganhará outra consistência, será mais História. O livro servirá de referência a futuras obras que tratem da luta de libertação nacional, dos anos conturbados que se seguiram à independência, do amplo movimento de democratização do país. (AGUALUSA, 2011, p. 140)

A outra personagem secundária é Edmundo Barata dos Reis, um mendigo louco, ex-agente do Ministério de Segurança do Estado; ele acredita piamente que o presidente do país foi trocado por um duplo, um sósia. Descreve-se como "ex-gente! Ex-cidadão exemplar; expoente dos excluídos, excremento existencial, excrescência exígua e explosiva; em duas palavras: vadio profissional" (AGUALUSA, 2011, p. 157).

O narrador-personagem é uma osga. Félix a nomeia Eulálio. A narração é feita em primeira pessoa, quando o personagem fala de si; conta seus sonhos e episódios de sua vida passada, antes de encarnar a lagartixa e, em terceira pessoa, quando narra fatos ligados a outras personagens, sendo, quando terceira pessoa, onisciente e onipresente.

A sua onipresença se dá, por vezes, pela visão de outras personagens, pois nunca sai da casa; dessa maneira, os fatos que ele não presencia lhe são contados por alguma outra personagem, para que ele possa no-los transmitir. As falas das personagens estão predominantemente em discurso direto.

Ele ainda não se acostumara a viver na condição de lagartixa; por isso, seus sonhos eram "quase sempre, mais verossímeis do que a própria realidade" (AGUALUSA, 2011, p.50). Mas nos conta que, mesmo tendo vivido "[...] quase um século vestindo a pele de um homem", nunca havia se sentido "[...] inteiramente humano" (AGUALUSA, 2011, p. 43). Em sua vida anterior, fora um bibliotecário tímido, um homem covarde.

A osga tornara-se confidente de Félix. Apreciava ouvir relatos dos seus tempos de criança, ele "fala[va] de sua infância como se realmente a tivesse vivido" (AGUALUSA, 2011, p. 94).

Eulálio e Félix se assemelhavam tanto nas características físicas (pele áspera e seca), quanto nas comportamentais e psicológicas (não suportavam o Sol, eram tímidos, reclusos, se sentiam como estrangeiros e desconfortáveis com a sua condição, um como osga tigrada e o outro como negro albino). A proximidade entre ambos era tão intensa, que a lagartixa pode ser considerada o alterego de Ventura.

Pode-se também pensar na personagem que conduz a narrativa como a representação de uma sociedade marginalizada. A lagartixa é ignorada por se tratar de um réptil, um ser rastejante que se alimenta de insetos. A sociedade angolana, por seu turno, é ignorada por ser conveniente aos que a comandam.

A trama se desenvolve na época posterior ao fim da guerra civil de Angola (2002), quando toda a nação está em busca da identidade, da formação de sua nacionalidade, mas ainda paira no ar um clima de tensão, há o medo de que a guerrilha seja reavivada. A exposição dos fatos é feita em ordem cronológica.

A maior parte da ação se desenrola em Luanda, capital de Angola, na casa de Félix Ventura, um casarão amplo, que destaca "o brilho das pratas, a nobreza dos móveis" (AGUALUSA, 2011, p. 5). No entanto, o que mais chama a atenção de quem passa por lá é a imensa quantidade de livros espalhados por toda parte. Félix, porém e ainda, pensa em sua morada como um barco:

> [...] um velho navio a vapor cortando a custo a lama pesada de um rio. A imensa floresta. A noite em volta. Félix disse isto e baixou a voz. Apontou num gesto vago os vagos livros: Está cheio de vozes, *o meu barco* [grifo nosso]. (AGUALUSA, 2011, p. 24)

O romance nos envolve em um clima de suspense e mistério. Alguns personagens sombrios, solitários, loucos e outros, doces, hilários fazem surgir a temática do nascimento de uma nação emergente, que busca a formação de sua nacionalidade que, na ficção, quer se firmar, apesar de algumas genealogias mentirosas.

O momento ápice da intriga se dá, quando o louco mendigo – Edmundo – chega à casa de Félix, ensanguentado e, logo em seguida, entra o estrangeiro, desfigurado, querendo acabar com ele – Edmundo – a todo o custo.

José Buchmann chora, enquanto Barata revela a sua verdadeira identidade: Pedro Gouveia, contrarrevolucionário fraccionista, cuja mulher grávida fora torturada e, por conta de tanto sofrimento, acabara parindo prematuramente uma menina que sofre queimaduras de cigarro em sua pele ainda frágil, tudo isso testemunhado pela mãe, morta em seguida.

Neste momento, ficamos sabendo que Ângela é a filha de Gouveia. O ex-agente continua a insultá-lo: "olho esse choro e vejo o miúdo Gouveia. Vingança – era o que querias? Para isso faz falta paixão. Faz falta coragem! Matar um homem é coisa de homem" (AGUALUSA, 2011, p. 178). O clímax, por sua vez, finda, quando Ângela pega a arma trazida por seu pai e mata Edmundo Barata dos Reis, que é enterrado no quintal da casa de Félix.

Todo o clima de suspense e tensão que envolvia o estrangeiro nos fazia pensar ser ele o vilão, mas, ao contrário, era mais uma vítima dos tempos difíceis vividos em Angola. A procura de um passado decente o fez chegar até Félix, que resgatou parte importante de sua existência (Ângela) e que, de certa maneira, também lhe deu a chance de ter uma nova vida.

No desfecho do romance, Pedro Gouveia vai morar em Chibia; Ângela viaja pelo mundo fotografando luzes, sem nunca deixar de enviá-las a Félix, que acredita ter sido ela o seu verdadeiro e único amor. Ele começa a redigir um diário depois da morte de Eulálio, seu melhor amigo, para ter a ilusão de que alguém ainda o escuta. O pequeno narrador morre, lutando contra os seus medos, como um corajoso, em combate com um escorpião. Por fim, seguindo o endereço dos postais, Félix parte ao encontro de Ângela.

O vendedor de passados se constitui, assim, na metáfora da busca da identidade de uma nação, do resgate daquilo que é genuíno ao povo angolano e que foi sacrificado pela invasão estrangeira.

A canção abaixo representa o passado que assombra o povo de Angola. Mesmo adormecido, estará sempre lá a relembrar as atrocidades por que passou esta gente. O tempo decorrido reflete a miséria e todas as desventuras que assolaram o país, deixando marcas irreparáveis nas testemunhas desta triste história:

> Nada passa, nada expira
> O passado é
> um rio que dorme
> e a memória uma mentira
> multiforme.
>
> Dormem do rio as águas
> e em meu regaço dormem os dias
> dormem
> dormem as mágoas
> as agonias,
> dormem
>
> Nada passa, nada expira
> O passado é
> um rio adormecido
> parece morto, mal respira
> acorda-o e saltará
> num alarido.

(AGUALUSA, 2011, p. 4)

Em nossa leitura, no romance, Agualusa se apropria da literatura, para explicar a sociedade angolana. A obra, por sua vez, é causadora de inquietude e furor, é uma sátira política indigesta para a sociedade, desde os antigos comandantes até os comandados.

O escritor Antonio Candido, em seu livro *Literatura e sociedade*, explica que só entendemos a obra, "fundindo texto e contexto". Ele reforça a ideia, dizendo que

> sabemos, ainda, que o *externo* (no caso, o social) importa, não como causa, nem como significado, mas como elemento que desempenha um certo papel na constituição da estrutura, tornando-se, portanto, *interno*. (CANDIDO, 1967, p .4)

Não há como imaginar *O vendedor de passados* sem os dados históricos, fundamentais para a construção de cada uma das personagens, sendo também fator essencial no decorrer de toda trama, pois, de certa maneira, são os fatos apresentados que lhe dão verossimilhança.

Candido expressa os perigos que podem surgir, tanto na sociologia quanto na crítica, em relação a uma obra. Um dos perigos apontados por ele é o de que

> [...] a preocupação do estudioso com a integridade e a autonomia da obra exacerbe, além dos limites cabíveis, o senso da função em detrimento dos aspectos históricos, – dimensão essencial para apreender o sentido do objeto estudado. (CANDIDO, 1967, p. 8)

Neste aspecto, pode-se concluir, dizendo que Agualusa foi ponderado. Soube medir e relacionar ficção e realidade, deixando seu texto rico em informações sobre a história de seu país, mas, ao mesmo tempo, obra de ficção agradável ao leitor.

Antonio Candido diz que, "para fixar ideias e delimitar terrenos, pode-se tentar uma enumeração das modalidades mais comuns de estudos de tipo sociológico em literatura". Por isto, ousamos afirmar que o romance de José Eduardo Agualusa se encaixa no segundo e no quarto tipos indicados pelo crítico[3].

A respeito da função social do escritor, explicitada no quarto tipo, podemos também citar parte da entrevista dada por Agualusa ao programa Roda Viva como recurso coincidente; nela, ele explica que não escreve

3. Os seis tipos elencados por Candido são: Primeiro tipo: "formado por trabalhos que procuram relacionar o conjunto de uma literatura, um período, um gênero, com as condições sociais"; segundo tipo: "[...] formado pelos estudos que procuram verificar a medida em que as obras espelham ou representam a sociedade, descrevendo os seus vários aspectos. É a modalidade mais simples e mais comum, consistindo basicamente em estabelecer correlações entre os aspectos reais e os que aparecem no livro [...]"; terceiro tipo: "[...] é apenas sociologia, e muito mais coerente, consistindo no estudo da relação entre a obra e o público, - isto é, o seu destino, a sua aceitação, a ação recíproca de ambos [...]"; quarto tipo: "[...] estuda a posição e a função social do escritor, procurando relacionar a sua posição com a natureza da sua produção e ambas com a organização da sociedade. No terreno genérico, temos uma série de obras fora do âmbito literário [...]"; quinto tipo "[...] investiga a função política das obras e dos autores, em geral com intuito ideológico marcado [...]; e sexto tipo: "[...] voltado para a investigação hipotética das origens, seja da literatura em geral, seja de determinados gêneros [...]". (CANDIDO, 1967, p. 10-12).

> [...] apenas para divertir pessoas. O que [lhe] interessa mais numa sociedade como a angolana é a possibilidade de que esses livros sejam capazes de provocar debates, de perturbar, de incomodar, de aborrecer algumas pessoas.

O romance do escritor angolano tende a provocar debate no público leitor, que se torna o transmissor direto de suas reflexões a respeito da sociedade angolana.

Antonio Candido considera que "o público dá sentido e realidade à obra, e sem ele o autor não se realiza, pois ele é, de certo modo, o espelho que reflete a sua imagem enquanto criador" (CANDIDO, 1967, p. 43-44).

Candido ainda fortalece este vínculo de literatura e sociedade, expondo que, de certo modo, "todos sabemos que a literatura, como fenômeno de civilização, depende, para se constituir e caracterizar, do entrelaçamento de vários fatores sociais" (CANDIDO, 1967, p. 13).

O escritor, em *Literatura e sociedade*, explica que

> [...] a arte social [...] depende de fatores do meio, que se exprimem na obra em graus diversos de sublimação; e produz sobre os indivíduos um efeito prático, modificando a sua conduta e concepção do mundo ou reforçando neles o sentimento dos valores sociais. (CANDIDO, 1967, p. 24)

José Eduardo Agualusa promove esta mudança no leitor. Este passa a enxergar a sociedade, neste caso a angolana, com outro olhar: o de quem busca respostas para os dissabores históricos.

O vendedor de passados revela uma voz crítica, que apresenta a luta angolana pela formação da nacionalidade e da identidade de seu povo. Ele representa as vozes de denúncia que, em regimes autoritários, são caladas, impedindo que todos manifestem as suas opiniões de forma democrática. Essa expressão, de certo modo, contribui para que cada indivíduo possa garantir seus direitos e alcançar seus desejos.

A mensagem que fecha o enredo é a de que o ser humano se constrói verdadeiramente por aquilo que lhe é intrínseco: a essência. Não importam aparência, título, pergaminho, pois

> [...] passa-se com a alma algo semelhante ao que acontece à água: flui. Hoje está um rio. Amanhã estará mar. A água toma a forma do recipiente. Dentro de uma garrafa parece uma garrafa. Porém, não é

> uma garrafa. Eulálio será sempre Eulálio, quer encarne (em carne), quer em peixe [...]. (AGUALUSA, 2011, p. 198-199)

Por fim, Agualusa intensifica a importância de não nos mantermos meramente como espectadores dos fatos, mas, sermos agentes fabricadores de sonhos, gente que luta ideais, que faz, em linguagem corrente, a diferença:

> vem-me à memória a imagem a preto e branco de Martin Luther King, discursando à multidão: *eu tive um sonho*. Ele deveria ter dito antes: *eu fiz um sonho*. Há alguma diferença, pensando bem, entre ter um sonho ou fazer um sonho. Eu fiz um sonho. (AGUALUSA, 2011, p. 199)

Considerações finais

A obra analisada nos fez refletir acerca da história do continente africano, que é alvo de muito preconceito até hoje, pelo desconhecimento de sua história, de seus costumes e de seu povo.

O livro, na sua vez, relata as diferentes características de suas personagens; promove a revelação de tipos essencialmente africanos, expondo as fraquezas humanas observadas na necessidade da criação de passados. Essa invenção é global, independe de nacionalidade, não deve ser interpretada como algo típico de um lugar, apesar de se sobressair contemporaneamente na cultura africana, pois a independência dos países do continente é recente e sugere o procedimento.

Cada uma das personagens do enredo é espelho de um fato importante para a história de Angola; suas vidas fictícias revelam a história verdadeira de um país em reconstrução.

De maneira concisa, Agualusa revela a dura batalha de seu povo em busca de uma identidade, lançando mão de estratégias negativas, na ficção, como a invenção de genealogias, a fim de modificar o passado, de apagá-lo. No entanto, "o passado costuma ser estável, está sempre lá, belo ou terrível, e lá ficará para sempre" (AGUALUSA, 2011, p. 59), condenando-nos e absolvendo-nos.

Referências

AGUALUSA, J. E. *O vendedor de passados*. Rio de Janeiro: Gryphus, 2011.

BRAGANÇA, A. et al. *Contos africanos dos países de língua portuguesa*. São Paulo: Ática, 2010. Para Gostar de Ler: 44.

BUTTI, N. *Um comércio de horrores*. Disponível em: <http://veja.abril.com.br/300909/comercio-horrores-p-142.shtml >. Acesso em: 13 fev. 2013.

CANDIDO, A. *Literatura e sociedade:* estudos de teoria e história literária. São Paulo: Cia. Nacional, 1967.

GIRON, L. A. *O Brasil é colônia*. Disponível em: <http://revistaepoca.globo.com/Epoca/0,6993,EPT808282-1666-2,00.html>. Acesso em: 2 fev. 2013.

HERNANDEZ, L. M. G. L.. *A África na sala de aula: visita à história contemporânea*. São Paulo: Selo Negro, 2005.

MAINGUENEAU, D. A vida e a obra. In: *O contexto da obra literária: enunciação, escritor, sociedade.* Tradução Marina Appennzeller. 2ed. São Paulo: Martins Fontes, 2001. Coleção leitura e crítica.

PINHEIRO, L. *Livros de José Eduardo Agualusa serão adaptados para cinema no Brasil.* Disponível em: <http://veja.abril.com.br/noticia/celebridades/livros-do--angolano-jose-eduardo-agualusa-serao-adaptados-para-o-cinema-por-diretores-brasileiros>. Acesso em: 16 jan. 2013.

AGUALUSA. Biografia. Disponível em: <http://www.agualusa.info/cgi-bin/baseportal.pl ?htx=/agualusa/div&page=biografia&lg=pt>. Acesso em: 10 jan. 2013.

DECLARAÇÃO Universal dos Direitos Humanos. Disponível em: <http://www.mp.go.gov.br/portalweb/hp/7/docs/declaracao_universal_dos_direitos_do_homem.pdf>. Acesso em: 12 fev. 2013.

JOSÉ Eduardo Agualusa. Disponível em: <http://www.gryphus.com.br/autor_agualusa.html>. Acesso em: 10 jan. 2013.

PROGRAMA Roda Viva, exibido em 4 de julho de 2011. Disponível em: <http://tvcultura. cmais.com.br/rodaviva/jose-eduardo-agualusa-2>. Acesso em: 9 jan. 2013.

O silêncio de Macabéa: espaço de representação do feminino em *A Hora da Estrela*

Miriam de Souza Andrade

> *A linguagem não é transparente, não é neutra. Carregada de um conteúdo simbólico, através dela nos confrontamos cotidianamente com o mundo, com os outros sujeitos, com os sentidos e com a história contribuindo, com o nosso pensamento e ação, para reproduzi-los ou transformá-los.*
>
> Eni P. Orlandi

Introdução

O trabalho *O silêncio de Macabéa: espaço de construção do feminino em 'A hora da estrela'* insere-se na área de estudos de Análise do Discurso, da literatura e da cultura, e desenvolverá uma análise da representação feminina sob o tópico do silêncio da personagem Macabéa, do romance *A hora da estrela* (1999), de Clarice Lispector. A partir da temática apresentada, este artigo aborda o silêncio como característica presente na história da personagem Macabéa, o qual é de forma exagerada, usado pela escritora Clarice Lispector, com o objetivo de dar visibilidade à condição da mulher frente a uma sociedade machista.

A temática abordada constitui-se relevante no que se refere ao estudo de uma classe marginalizada e construída segundo uma visão masculina. A ausência da mulher como sujeito da história contribuiu pra a criação de um imaginário que classifica o ser feminino como inferior e defeituoso. Para Michelle Perrot, o silêncio histórico ao qual as mulheres foram submetidas também se fez através do relato histórico. "As mulheres ficaram por muito tempo fora deste relato, como se, destinadas à obscuridade de uma inenarrável reprodução, estivessem fora do tempo ou pelo menos do acontecimento confinadas no silêncio de um mar abissal". (PERROT, 2007, p. 16).

O silêncio é abordado neste artigo como forma de denúncia à representação estereotipada das mulheres ao longo da história e é o silêncio da personagem Macabéa de *A hora da estrela* que evidencia o discurso machista sobre a mulher, sendo analisado e julgado como estratégia masculina para impedir a participação da mulher como sujeito de sua própria história.

O *Dicionário Houaiss* define a palavra "silêncio" como "estado de quem se cala ou se abstém de falar; privação, voluntária ou não, de falar, de publicar, de escrever, de pronunciar qualquer palavra ou som, de manifestar os próprios pensamentos etc.". Por extensão, silenciar pode significar indiferença, inação, apatia. Em *A hora da estrela,* o silêncio e suas derivações atravessam o romance como forma de representar a inabilidade da protagonista diante dos questionamentos do mundo.

A Hora da Estrela

Ao escrever *A hora da estrela*, cuja primeira edição pela editora José Olympio é de 1977, Clarice Lispector (1925-1977) lutava contra um câncer de útero e terminou o livro poucos meses antes de morrer. Segundo Yudith Rosenbaum "o livro é quase um testamento ou um testemunho de uma escritora diante da morte". (ROSENBAUM, 2002, p. 56). Clarice que até então criara personagens femininas sozinhas, letradas, profissionais bem sucedidas e voltadas para sua própria solidão, desta vez ao escrever sobre a escrita de um romance, problematiza a criação de uma personagem miserável, tola, inculta e incapaz de se fazer representar no mundo. Assim como Macabéa, Clarice também era "estrangeira": nascida na Ucrânia; logo após o nascimento, veio para o Recife, onde viveu até os 12 anos; depois mudou-se para o Rio de Janeiro: "Clarice se projeta na protagonista Macabéa que sai de Alagoas para morrer no Rio de Janeiro". (ROSENBAUM, 2002, p. 56). Clarice Lispector se constitui como um autor-narrador. *A hora da estrela* apresenta dois planos narrativos: a história de Macabéa, criada e narrada por Rodrigo S. M, e a história da escrita do romance pelo narrador Rodrigo S. M. A autora usa a máscara de Rodrigo para demonstrar que é capaz de escrever como um homem escreveria: basta se mascarar.

Segundo Lajolo (2004), a obra de Clarice Lispector, na trajetória da literatura de autoria feminina no Brasil, rompe com um momento de reprodução dos valores patriarcais. Pode-se dizer que ela inaugura outra forma de narrar dentro de um espaço totalmente fechado à mulher. Sua obra é uma crítica ao modelo masculino de representação da mulher, tornando visível a repressão feminina nas práticas sociais, questionando ironicamente o modelo patriarcal que limita a mulher ao que o espaço privado pode lhe proporcionar.

Para D'Incao (2004), os papéis sociais da mulher durante muito tempo foram apenas o de mãe, esposa e dona de casa, atuando em família, confinadas ao lar e ao que se relaciona a ele, ocupações que limitavam suas habilidades e seu potencial, tornando-se assim invisíveis. A ideologia patriarcalista foi internalizada pela mulher, que passou a julgar-se um ser ignorante, vergonhoso e inferior. Isso fez com que a grande maioria das mulheres buscasse no silêncio um subterfúgio para essa realidade. E as mulheres que optaram por não se calar submeteram-se a formas de anonimato para que sua identidade pudesse ser preservada, como ter suas obras publicadas em nome de irmãos ou sob pseudônimos.

A mulher na literatura

Na literatura canônica de escrita masculina, as mulheres eram retratadas segundo uma visão que procurava moldá-las, torná-las aquilo que se falava delas. Como diz Jonathan Culler a respeito dos estudos de gênero,

> Seu gênero é criado pelos seus atos, do modo que uma promessa é criada pelo ato de prometer. Você se torna um homem ou uma mulher por atos repetidos, que [...] dependem das convenções sociais, das maneiras habituais de se fazer algo numa cultura. Assim como há maneiras regulares, socialmente estabelecidas de prometer, fazer uma aposta, dar ordens e casar, há maneiras socialmente estabelecidas de ser homem ou mulher. (CULLER, 1999, p. 102)

A literatura de autoria feminina só vai ser expressiva no século XX. Durante muito tempo ou as mulheres não se interessaram por esta forma de participação social ou foram submetidas ao silêncio. Somente no século XIX, com a crescente urbanização dos espaços, o crescimento da burguesia e o aumento da circulação de jornais e folhetins, houve um maior interesse pela leitura e um maior número de mulheres alfabetizadas e, consequentemente, iniciadas no mundo da leitura. As mulheres começaram a desenvolver uma escrita baseada em suas próprias experiências. De consumidoras à escritoras de romances, as mulheres passam a publicar seus textos fazendo surgir uma produção feminina, como afirma Lúcia Castelo Branco (1991).

Nos dias atuais as mulheres têm buscado romper com o silêncio e partir para ocupar lugares de poder como a política, a economia e a literatura, visando atuar em atividades de liderança, participando de profissões que tenham o poder de decidir e influenciar a sociedade. Para a escritora Lucia Osana Zolin (2003), a mulher necessita de visibilidade como produtora de um discurso que é novo em relação aos discursos vigentes na consciência e inconsciência coletiva.

O cânone consiste numa instituição capaz de determinar e indicar a literatura representativa de determinada cultura, podendo-se dizer que sua constituição é decorrência do discurso crítico desta cultura que, historicamente, reprimiu a escrita feminina; por isso é importante a revisão do cânone, para que as mulheres tenham o reconhecimento de sua participação enquanto voz na sociedade.

Sendo a literatura um veículo de disseminação de ideologias, o qual é, em sua maior parte, monopolizado por homens, fica evidente a reprodução de uma cultura patriarcal, o que gerou a construção de mitos acerca da imagem feminina. A história social da mulher se reflete na sua história literária, tanto como sujeito ou como objeto da mesma.

A definição social dos papéis do homem e da mulher e a oposição entre estes dois gêneros culminaram na formação de uma identidade feminina que não tinha voz ou que não sabia gritar, muito menos escrever. No entanto, a história faz-se também de exceções. Muitas mulheres no século XIX sofreram duras críticas e ataques morais à sua honra, discriminadas e apontadas pela sociedade, seus textos sempre foram considerados como subliteratura. Segundo o escritor Viveiros de Castro, as mulheres que queriam dedicar-se ao ofício de escrever sofriam insultos:

> aquelas que, rompendo com um meio tão hostil, atrevem-se a cultivar as letras devem logo se resignar aos sarcasmos mais pungentes e às chufas mais grosseiras. Contestam-lhes o talento e babam as mais vis calúnias sobre sua honra. "Raramente recebem uma palavra de animação e, se alguém as saúda, é logo suspeito de ser seu amante". (CASTRO, 2007)

Dessa forma muitas mulheres penaram, mas não se calaram, como Nísia Floresta, que teve ampla participação na imprensa, tendo publicado diversos livros no Brasil, na França e na Itália, cuja temática principal é a emancipação da mulher; Júlia Lopes de Almeida, aristocrata e articuladora nas reuniões literárias que levaram à fundação da Academia Brasileira de Letras, que produziu várias obras em prosa em diversos gêneros, do teatro ao romance (didático, lírico ou epistolar), destinadas às mulheres brancas, escolarizadas e burguesas do Brasil oitocentista, e Carmem Dolores, que assinava uma coluna na primeira página do jornal de maior tiragem da América do Sul, *O País*. Isso apenas para citar algumas.

Na história do Ocidente, preconceitos e costumes tendentes a restringir a mulher, a limitar a sua instrução, a entravar o desenvolvimento das suas aptidões naturais, a subordinar sua individualidade ao juízo de uma personalidade alheia, têm uma longa ocorrência. O discurso da inferioridade, do diferente ou descentrado vai constituindo um lugar de subordinação para a mulher, como o discurso de Ambroise Paré, médico e cientista ilustre do século XVI, que via no organismo feminino a prova de inferioridade da mulher, afirmando que "o sexo da mulher a tornava disforme e vergonhosa quando nua e que a sua alimentação não se transforma em sangue bom, mas em sangue ruim o que caracterizava a menstruação" (ALVES; PITANGUY, 2002, p. 22).

Também há o discurso religioso, que enfatiza a submissão da mulher perante o marido e incentiva o anonimato das mulheres. Da *Bíblia*, livro da tradição judaico-cristã, fundamento moral e religioso da tradição europeia, as palavras do apóstolo Paulo foram utilizadas pela Igreja Católica para justificar a subordinação da mulher ao homem, com o objetivo de silenciá-la:

> as mulheres estejam caladas nas igrejas; porque não lhes é permitido falar; mas estejam sujeitas como também ordena a lei. E se querem aprender alguma coisa, interroguem em casa aos vossos maridos; porque é vergonhoso que as mulheres falem na igreja. (PRIMEIRA EPÍSTOLA DE PAULO AOS CORÍNTIOS, 14.34-35)

Na *Primeira Epístola de Paulo a Timóteo*, o apóstolo Paulo prescreve: "A mulher aprenda em silêncio com toda a sujeição. Não é permito que a mulher ensine nem use de autoridade sobre o marido, mas que permaneça em silêncio". (2.11-12).

Proibida de questionar e falar em público, a mulher tem sua consciência crítica barrada e sua voz silenciada. Esse conceito de submissão da mulher foi defendido também por alguns intelectuais, dentre eles Jean Jacques Rousseau que afirmava:

> Toda educação das mulheres deve ser relacionada ao homem. Agradar-lhes, ser-lhes útil, fazer-se amada e honrada por eles, educá-los quando jovens, cuidá-los quando adulto, aconselhá-los, tornar-lhes a vida útil e agradável- são esses os deveres das mulheres em todos os tempos e o que lhes deve ser ensinado desde a infância. (ROUSSEAU apud ALVES; PITANGUY, 2002, p. 35).

O episodio histórico e religioso denominado "caça as bruxas" que chegou ao ápice no século XVI, caracteriza-se como estratégia de silenciamento da voz feminina. Afastada e proibida de atuar no mercado de trabalho e até mesmo na igreja, a mulher começou a buscar novas fontes de conhecimento e de atuação como o misticismo, o entender e o trabalhar com ervas, além das atividades de parteira e curandeira, consequentemente passando a concorrer com os profissionais da medicina, o que tornava a mulher, alvo das críticas e ações maléficas por parte dos homens. No entanto, como afirma Jaqueline Pitanguy, a Inquisição, verdadeiro genocídio contra o sexo feminino, é pouco estudada e denunciada, fazendo parte da herança do silêncio que recobre a história da mulher. Milhares de mulheres foram mortas e torturadas, porém isto pouco despertou curiosidade nos historiadores. Será que se este genocídio tivesse ocorrido sobre o sexo masculino não ocuparia mais páginas nos livros didáticos e não seria mais bem estudado?

> Existe nessa perseguição às "feiticeiras", um elemento claro de luta pela manutenção de uma posição de poder por parte do homem: a mulher tida como bruxa supostamente possuiria conhecimentos que lhe confeririam espaços de atuação que escapam ao domínio masculino. (ALVES; PITANGUY, 2002)

Estes discursos produziram, na vida moderna, um intenso desequilíbrio social que acentuou ainda mais a desigualdade entre os sexos. Os impedimentos enfrentados pela mulher na sociedade, principalmente no campo da escrita, constituem-se herança social e estão presentes em suas produções literárias.

Ao tratar desse assunto, Branco sustenta que

> Não é difícil afirmar que as mulheres não escreviam textos épicos porque não iam às guerras, que sua preferência pelo gênero memorialístico ou autobiográfico se deve ao seu profundo conhecimento do lar e do eu próprios a uma criação de uma escrita intimista. (BRANCO, 1991)

Fundamentação Teórica

Clarice Lispector em *A hora da estrela* critica o silêncio ao qual a mulher foi subordinada, trazendo à pauta um problema social: a imagem da mulher criada por uma cultura patriarcalista. De acordo com Antonio Candido (2000), para a crítica sociológica, a obra é também um produto social e dessa forma os estudos literários contemporâneos não dissociam literatura de sociedade. Alguns escritores abordam o social com tamanha habilidade, que o leitor identifica as experiências das personagens como as suas ou como as de outra pessoa que conheça.

Macabéa representa uma classe social marginalizada que ocupa um lugar na sociedade por intermédio do seu silêncio e ignorância, e o narrador Rodrigo S. M. sente-se obrigado a escrever sobre ela. A própria Clarice Lispector (1999, p.37) afirma: "... preciso falar desta nordestina senão sufoco. Ela me acusa e o meio de me defender é escrever sobre ela". A culpa que o narrador sente em relação à vida miserável de Macabéa é um aspecto importante na obra: "A moça é uma verdade da qual eu não queria saber. Não sei a quem acusar, mas deve haver um réu" (LISPECTOR, 1999, p. 48). Como narrador, criador de Macabéa, Rodrigo conhece seus desejos e anseios, porém não sabe o que é ser como Macabéa, pois nunca vivera como ela. A função da literatura seria, assim, denunciar "a verdade que ninguém quer enxergar":

> e eu que estou contando esta história que nunca me aconteceu e nem a ninguém que eu conheça? Fico abismado por saber tanto a verdade. Será que meu ofício doloroso é o de adivinhar na carne a verdade que ninguém quer enxergar? (LISPECTOR, 1999, p. 69)

Para se aproximar da realidade de Macabéa, o narrador diz ter que "não fazer a barba durante dias e adquirir olheiras escuras por dormir pouco, só cochilar de pura exaustão... além de vestir-me com roupa velha rasgada. Tudo isso para me por no nível da nordestina". (LISPECTOR, 1999, p. 40). Dessa forma evidencia-se a difícil tarefa de narrar e questiona-se não só o sentido e a função de relatar um enredo de fatos tão pouco importantes mas, sobretudo, o ato de tornar nítido o que está quase sumindo da memória. Mas, segundo Yudith Rosenbaum (2002), esse esforço é inútil, pois Rodrigo se sente culpado e impotente por não poder modificar o destino de sua própria invenção: "o fato é que tenho nas minhas mãos um destino e no entanto não me sinto com o poder de livremente inventar: sigo uma linha oculta fatal." (LISPECTOR, 1999, p. 41).

Segundo Foucault (2004), as relações de poder têm uma extensão consideravelmente grande nas relações humanas e essas relações são sutis, múltiplas, em diversos níveis, e não podemos falar em um poder, mas sim descrever as relações de poder, acrescenta Foucault (1996). Este poder se dá também no plano da escrita, espaço em que ocorre a materialização da condição feminina, a personagem é construída a partir de um sopro de experiências, vivências em sociedade. O discurso literário de Clarice Lispector é perpassado por relações de poder que permeiam o mundo feminino.

Ao matar seu personagem, o narrador Rodrigo S. M. descobre que também morrerá. Afinal, a morte é o destino de todos e, encerrada a história de Macabéa, encerra-se também a história de Rodrigo, pois o narrador fora criado para narrar as aventuras da nordestina, mas como a nordestina já não existe mais, torna-se inútil a vida do narrador. "Macabéa me matou" (LISPECTOR, 1999, p. 111). Nesse contexto, "o outro ou outrem é indispensável na prática de si a fim de que a forma que define esta prática atinja efetivamente seu objeto, isto é, o eu, e seja por ele efetivamente preenchida" (FOUCAULT, 2004, p. 158).

É no choque com o outro que Macabéa ganha vida, e é por ser o avesso, o diferente na sociedade que ela ganha destaque e é descrita. A criação de Macabéa evidencia um postulado ideológico: a narrativa desta obra mostrou que somente a palavra, a representação direta do sentir, poderia perceber e exprimir as relações e sentimentos do oprimido. Como lembra Scótolo (2010), o significado é produzido através das práticas de representação. Segundo Bakhtin (1999), cada um recria à sua maneira a enunciação, dando-lhe assim uma orientação particular, específica.

A hora da estrela se situa entre a palavra e o silêncio, entre o que diz e o que está implícito em seu dizer. O silêncio da personagem é um grito, um silêncio que interroga constantemente, "não o silêncio que se situa antes da palavra e que é um querer dizer, mas o outro, o que fica depois dela e que é um saber que não pode dizer a única coisa que, de fato, valeria a pena ser dita". (WALDMAN, op. cit., p. 112).

Para Orlandi (2007), o dizer e o silenciar andam juntos. Nessa perspectiva, os silenciamentos também significam, compreendem as determinações de sentido do que não é e não foi dito e, como as palavras, não são transparentes têm a opacidade característica da linguagem.

Análise da obra

O romance *A hora da estrela* de Clarice Lispector é narrado por Rodrigo S. M., personagem criado por Clarice para ser o autor de outra história, cuja criação o romance ficcionaliza. Nesta metaficção que é o romance *A hora da estrela*, problematiza-se o ato de narrar através da própria ação criativa. Rodrigo S. M. narra a história de Macabéa, uma moça nordestina do sertão de Alagoas que vem para a cidade do Rio de Janeiro após a morte de sua tia. A vida de Macabéa é contada por Rodrigo, narrador masculino que, ao criar seu personagem, descobre o quanto possui em comum com ela. No Rio de Janeiro, Macabéa consegue um emprego de datilógrafa e divide um quarto de pensão com mais três jovens. Macabéa, na visão de Rodrigo, é uma mulher comum para quem ninguém olharia, pois era magra, franzina, doente, feia e tinha maus hábitos de higiene (LISPECTOR, 1999, p. 34). Durante o processo de criação do romance, o narrador expressa suas emoções e sentimentos com relação à escrita e à personagem Macabéa. Rodrigo a ama e a despreza, ele a odeia e sente saudades dela, Macabéa faz parte de sua vida seu amor por Macabéa é o mesmo amor que sente pela escrita. Macabéa sonhava em ser artista de cinema como Marilyn Monroe e adorava ouvir as notícias e propagandas da Radio Relógio.

A personagem não consegue impor-se frente às críticas que recebe, nem se fazer ouvir pela sociedade. Macabéa conhece Olímpico, o qual tem em comum com ela somente a origem: ambos são nordestinos. Começam a namorar, mas Olímpico é ambicioso e não vê em Macabéa nenhuma possibilidade de ascensão social. E então, ao conhecer Glória, que tinha melhor aparência e era filha de um açougueiro, o que possibilitaria uma melhora na condição financeira, Olímpico rompe o namoro com Macabéa. Glória, colega de trabalho de Macabéa, com remorso por ter roubado o namorado da colega, sugere que esta vá a uma cartomante. Macabéa vai à cartomante, uma ex-prostituta, agora chamada Madame Carlota, que trata Macabéa de uma forma como nunca fora tratada, com carinho e atenção e prevê para Macabéa um futuro luminoso. Prevê que Macabéa não será demitida do emprego e que Olímpico voltará para ela pedindo perdão; diz ainda que Macabéa se apaixonará por um estrangeiro rico e terá tudo que quiser, encontrando finalmente a felicidade. Ao sair da cartomante Macabéa é atropelada por um carro e morre. Assim como era facilmente influenciada pela Rádio Relógio, acreditara também nas predições da cartomante, que a trata carinhosamente, como nunca fora tratada por ninguém, sempre sendo chamada de florzinha e benzinho e recebe atenção que jamais recebera em toda a sua vida. Porém a cartomante tem seus motivos para tratar Macabéa daquela forma, era seu papel iludir e encher as pessoas de esperança. Macabéa ouve o quanto sua vida é um fracasso nas palavras de Madame Carlota " mas, Macabeazinha, que vida horrível a sua. Que meu amigo Jesus tenha dó de você filhinha"! (LISPECTOR, 1999, p. 100). Macabéa não sabia que era infeliz, até essa consciência lhe faltava. Só se deu conta de sua infelicidade no diálogo com a cartomante. "Madame Carlota havia acertado tudo. Macabéa estava espantada. Só então vira que sua vida era uma miséria". (LISPECTOR, 1999, p. 103). Madame Carlota possui a habilidade do discurso, do argumento, pois sua profissão exige que convença os outros e percebe que Macabéa não tem domínio nenhum sobre as palavras. Madame Carlota pergunta se ela tem medo da palavra e Macabéa responde "tenho sim senhora" (LISPECTOR, 1999, p. 99). Dessa forma Rodrigo S.M fala por Macabéa e sobre Macabéa.

A Hora da estrela de Clarice Lispector é narrada por Rodrigo S. M., pois a escritora ao buscar se representar apropria-se de uma voz alheia, de uma voz masculina e inicia um processo no qual um sujeito fala em lugar do outro. "O discurso não se reduz, a um dizer explícito, pois ele é atravessado pelo seu avesso" afirma Brandão (2004). Então, através de Rodrigo, Lispector sugere um discurso tomado pelo discurso de outros.

Nesse processo, o outro se constitui como sujeito fragmentado, problemático, dividido, pois não assume um discurso verdadeiro, próprio, através do qual possa enunciar-se por si mesmo e, por isso, tantas dúvidas quanto o desenvolvimento da narrativa. Clarice, então, deixa se impregnar pela visão de mundo daquele que a representa. "Não existe discurso sem sujeito e não existe sujeito sem ideologia" diz Pecheux (2004). No entanto, esta representação constitui-se em silenciar e marginalizar o ser representado, e é utilizada por Clarice Lispector como estratégia na busca de chamar a atenção para o discurso feminino/masculino, já que esta é uma narrativa metaficcional que foca a criação literária como construtora de visões de mundo: "Descubro eu agora – também eu não faço a menor falta, e até o que escrevo um outro escreveria. Um outro escritor, sim, mas teria que ser homem porque escritora mulher pode lacrimejar piegas". (LISPECTOR, 1999, p. 34). A partir desta visão masculina que esconde as qualidades da mulher e encobre sua real existência surge a personagem Macabéa, dentro do vazio e do anonimato com uma identidade construída sob as bases do silêncio. Percebe-se ainda que o silêncio é utilizado pelo narrador com o objetivo de que o leitor não possua uma visão nítida dos fatos que caracterizam a identidade de Macabéa; no momento em que a personagem poderia responder ou tornar-se mais compreensível, surge o silêncio.

Macabéa é descrita na obra como um ser "de ombros curvos como o de uma cerzideira, com o corpo cariado. Era um acaso, um feto jogado na lata de lixo embrulhada em um jornal" (LISPECTOR, 1999, p. 17). Sob a ótica de Rodrigo

S. M.; Macabéa não possui o padrão de beleza apreciado pelos homens e exigido pela sociedade; também não possui uma linguagem própria, capaz de a si mesmo descrever, ela nem sabia quem era, pois quem concede a graça de Macabéa ser alguém é a figura masculina, Rodrigo.

> [....] ela era incompetente, incompetente para a vida (p. 24).
>
> [...] ela era de leve como uma idiota, só que não era. Não sabia que era infeliz. (p. 26).
>
> [...] Macabéa não tinha força de raça, era um subproduto. (p. 59)
>
> [...] era uma maldita e não sabia (p. 84).

A personagem é construída distante dos modelos femininos da tradição europeia romântica disseminada na literatura brasileira do século XIX, mas esse modelo fica pairando em *A hora da estrela* para lembrar ao leitor, o tempo todo, que Macabéa não é nada daquilo. Um exemplo de heroína romântica é Aurélia, personagem central do romance *Senhora* (2007) de José de Alencar. A personagem de Alencar, em sua beleza e encanto, desde cedo deslumbrou a sociedade. Aurélia foi autônoma, influente, dona de suas próprias atitudes. Não deixou ninguém escolher seu destino. José de Alencar criou sua heroína como um tipo de mulher dotada de um irrepreensível comportamento. Vista como uma mulher excepcional pelo narrador de *Senhora*, a representação de Aurélia é fruto de uma escrita masculina, como também a de Macabéa em *A hora da estrela.* Mas se em *Senhora* o narrador se esforça para desenhar essa mulher idealizada, modelo de perfeição na forma e na moral, fazendo crer aos leitores que poderiam encontrá-la em carne e osso em algum baile da corte, o narrador masculino de *A hora da estrela* se esforça para ressaltar o caráter ficcional de sua protagonista e o quanto dele mesmo está nela.

Ao revelar que seu "material básico é a palavra, e que é assim que a história será feita, de palavras que se agrupam em frases e destas se evola um sentido secreto que ultrapassa palavras e frases" (LISPECTOR, 1998, p. 14), o narrador-personagem, assim como a sua criadora, aponta para o fato de que o dito está impregnado pelo velado, implícito e não dito, desvelado a partir da relação com o leitor também impregnado por outros discursos, pois é sujeito histórico e ideológico num tempo e num espaço social.

Durante a narrativa de Rodrigo S. M., fica clara a ausência de recursos para utilização do discurso por parte de Macabéa: ela não sabe gritar como diz um dos títulos pretendidos por Lispector para esta obra, afirmando a incapacidade de Macabéa em expressar seus anseios. Talvez Macabéa não quisesse gritar e fica evidente que na narrativa, a palavra e o silêncio têm papel fundamental, no que se refere à identidade da protagonista. "Ao interferir no repetível e, com isso, silenciar outros sentidos, o sujeito pode estar exercendo um gesto de resistência ou um gesto de sujeição ao instituído" (SCÓTOLO, 2010). Desse lugar subalterno Macabéa incomoda o leitor com sua passividade e incapacidade de responder ao fracasso e não investir em uma identidade feminina positiva. A personagem não desempenha papéis convencionais conhecidos como o papel de mãe e rainha do lar, mas vive numa eterna mesmice. Dessa forma, Clarice Lispector chama a atenção para um lugar feminino que se distancia cada vez mais do convencional.

Como afirma Elódia Xavier (2007), as indagações dos textos clariceanos ficam, frequentemente, sem respostas e, em *A hora da estrela*, levam o leitor a situações pouco confortáveis.

A narrativa apresenta uma personagem que rejeita uma construção feminina que contribuiria para uma melhor identificação do leitor, pois Macabéa é uma rejeição aos modelos femininos tradicionais da literatura que trazem sempre uma mulher bela, inteligente, perspicaz, leviana etc. Mesmo na questão sexual, Macabéa demora para tomar posição. Mas, por fim se lança: "pois até mesmo o fato de vir a ser uma mulher não parecia pertencer à sua vocação. A mulherice só lhe nasceria tarde, porque até no capim vagabundo há desejo de sol". (LISPECTOR, 1999, p. 49). Ao ser comparada com "capim", vegetação rasteira, acrescido do adjetivo "vagabundo", o narrador reduz Macabéa a algo insignificante, que, mesmo tarde, sentira os desejos e aparência de mulher. No entanto Olímpico, é caracterizado como um homem que possui todas as capacidades para desempenhar seu destino de macho, o que fica claro na citação a seguir. "Enquanto Olímpico era um diabo premiado e dele nasceriam filhos, ele tinha o precioso sêmen. E como já foi dito ou não foi dito Macabéa tinha ovários murchos como um cogumelo cozido. (LISPECTOR, 1999, p. 82). Com isto, o narrador deixa clara sua visão machista, sua ideologia de memória, seu discurso pré-construído, uma vez que "o discurso, assim como as práticas sociais, é profundamente imbricado com as relações históricas (SCÓTOLO, 2010).

Por não se enxergar como vítima, Macabéa não quer lutar. Ela não compreende que é produto de uma cultura machista e que é vítima de um processo social que a discrimina, por ser mulher, por ser nordestina e por ser pobre. Macabéa fora criada para ser assim, alienada, aprendera que tudo acontecia porque tinha que acontecer. A personagem fora criada para ser passiva, essa era sua maior característica; outro tipo de atitude ou reação por parte de Macabéa seria totalmente alheio à sua vontade e o romance seria outro e não A hora da estrela, como se pode perceber na passagem seguinte: "pensou, pensou e pensou! Chegou à conclusão de que ninguém jamais a ofendera, tudo que acontecia era porque as coisas eram assim mesmo e não havia luta possível, para que lutar?" (LISPECTOR, 1999, p. 62).

Macabéa cresceu condicionada a viver em um mundo de mesmice. "Já que sou, o jeito é ser". Ser o quê? Nem mesmo Macabéa se compreende, não se conhece, vai vivendo à toa sem lutar pelos objetivos que estão além de sua capacidade e vontade. Vive a ter dores imaginárias, a sofrer críticas e julgamentos, a ter medo e a ser culpada. Desde a infância Macabéa demonstrava sua conformidade e passividade ante os acontecimentos que experimentava. Criada pela tia beata no sertão de Alagoas, quando era castigada Macabéa não buscava saber o motivo do castigo: "a menina não perguntava porque era sempre castigada, mas nem tudo se precisa saber e não saber fazia parte importante de sua vida". (LISPECTOR, 1999, p. 62)

Ao sair do sertão para morar no Rio de Janeiro, Macabéa tem sua identidade abalada ou fragmentada, pois encontra na cidade grande um mundo totalmente novo, motivo pelo qual Macabéa não consegue se ajustar, embora vivesse desajustada até mesmo no sertão. Esta nova cidade contribui para a oca existência de Macabéa, para o seu não ser, permitindo que todos seus atos sejam marcados pelo silêncio.

Segundo Bauman, 2005, "a identidade não tem a solidez de uma rocha; ela depende dos caminhos que o sujeito percorre, da maneira como age e da determinação de manter-se firme a tudo isso". Olímpico de Jesus também era nordestino, mas foi seduzido pela nova sociedade de consumo, diferentemente de Macabéa. Olímpico não se parecia com nenhum deus, mas trazia em seu nome a perspectiva de vitória. Para que se dê a formação de "identidades" é necessário que haja o processo de identificação do indivíduo com algo ou alguém. No momento em que Macabéa sai do sertão e entra em contato com uma nova cultura, o natural seria que a personagem se identificasse ou não com o novo estabelecendo identidades:

> à medida que os sistemas de significação e representação cultural se multiplicam, somos confrontados por uma multiplicidade desconcertante e cambiante de identidades possíveis, com cada uma das quais poderíamos nos identificar, ao menos temporariamente. (HALL, 2003, p. 13)

Para enquadrar-se à nova sociedade Macabéa precisaria se ajustar ou entrar em contato com o conhecimento, não apenas através da Rádio Relógio, mas de outros textos e do contato com novas pessoas e, assim, construir novas identidades e ocupar outros lugares na sociedade. Mas se isso acontecesse Macabéa deixaria de ser Macabéa. A personagem ocupa, mas não possui um espaço social. Pêcheux retomando Foucault considera que

> [...] as formações discursivas estão atreladas às ideologias. Desta forma são as diferentes formações discursivas que determinam o que o sujeito em sua conjuntura específica pode, ou não, dizer e também os lugares sociais que pode, ou não pode ocupar. "Assim não é per-

> mitido ao sujeito ocupar qualquer lugar no discurso, pois este lugar é determinado pela formação ideológica dominante". (SCÓTOLO, 2010, p. 38.)

Macabéa ocupa este espaço de modo inexpressivo, por intermédio do seu silêncio e da sua ignorância. Ela é uma personagem criada com ausência de tudo, não possui perspectiva ou ambição, não possui consciência de nada: "há os que tem. E há os que não tem. É muito simples: a moça não tinha. Não tinha o quê? É apenas isso mesmo, não tinha ." (LISPECTOR, 1999, p. 46).

Nordestina, mulher que mal sabia escrever, Macabéa recebe este nome de sua mãe, o qual pode ser associado como referência irônica ao povo guerreiro macabeu que fora oprimido pelos gregos. Os Macabeus resistiram e não aderiram à adoração dos deuses gregos, "não desobedeceram às leis de Moisés; assim, garantiram a liberdade religiosa e a não assimilação pela nova sociedade que se impunha". (ROSEMBAUM, 2002, p. 61). Dessa forma, percebe-se um jogo paródico na narrativa com relação aos nomes dos personagens: Macabéa não se rende à cultura de Olímpico, ou seja, não assimila uma nova postura de vida. Comparada ao povo Macabeu, Macabéa se aproxima desta gente, no fato de não assimilar outra cultura, mas também se distancia no fato de que o povo Macabeu era guerreiro e lutara para manter sua liberdade, Macabéa porém, não lutava; sua resistência era simples, não permitindo que ela se adaptasse à vida moderna por ser "incompetente para a vida".

A vida da protagonista, que sonha em ser estrela de cinema, que almoça cachorro-quente para não gastar dinheiro, que come em pé nos botecos, que coleciona propagandas, que sonha com o dia em que conseguirá comprar um pote de creme hidratante, começa a ganhar sentido no momento em que conhece Olímpico. O relato desse encontro é o mais despropositado possível. Rodrigo S. M. informa que o havia composto em boa forma literária, mas a faxineira havia jogado fora seus escritos. Assim, passa a refazê-lo, dessa vez de forma atirada. Informa apenas que os dois nordestinos se reconheceram, como que no faro: "o rapaz e ela se olharam por entre a chuva e se reconheceram, como dois nordestinos, bichos da mesma espécie que se farejam". (LISPECTOR, 1999, p. 65). Percebe-se que a história de Macabéa e também a de Rodrigo vão acontecendo a cada cena, dia-a-dia, no momento em que ele escreve. Rodrigo não sabe o que acontecerá com seus personagens. O discurso masculino é que decide sobre a vida de Macabéa, que inventa a mulher e a despe de qualidades e identidade, escrevendo o feminino e mascarando sua real essência, o que é internalizado pela própria mulher como verdade acerca de si mesma.

Para Harouche (1983), é a ideologia que interpela o indivíduo em sujeito, ela "o assujeita ao mesmo tempo em que o constitui sob a forma da autonomia, de tal forma que o sujeito linguístico se caracteriza por uma vontade sem limites e uma submissão sem falhas".

Rodrigo concede a Macabéa um emprego de datilografa, que se assemelha ao seu, escritor, no que se refere ao trabalho com as palavras. Mas, diferentemente de Rodrigo, ela se restringe à mera reprodução e raramente compreende o que datilografa. "Por ser ignorante era obrigada na datilografia a escrever letra por letra" (LISPECTOR, 1999, p. 35). Macabéa também quase não fala; quase que insignificante é o número de páginas em que Macabéa utiliza a palavra, o qual ainda não é propriamente seu, mas uma repetição do que ela ouve na Rádio Relógio. Condicionada a viver alienada, Macabéa é influenciada por tudo que ouve, não consegue classificar, analisar e compreender o que escuta. Assim, conforme Orlandi o seu "sujeito é múltiplo, porque atravessa e é atravessado por vários discursos, porque não se relaciona mecanicamente com a ordem social da qual faz parte, porque representa vários papéis, etc." (ORLANDI, 1988, p. 11).

Nesse sentido podemos afirmar que o sujeito em Macabéa constrói um discurso a partir do discurso do outro, o que demonstra que a identidade do sujeito sofre efeito do discurso alheio. A identidade sofre mutações por influência do discurso de terceiros.

> Eu gosto tanto de ouvir os pingos de minutos do tempo assim: tic-tac-tic-tac-tic-tac. A Rádio Relógio diz que dá a hora certa, cultura e anúncios. Que quer dizer cultura? Sabe o que mais eu aprendi? Eles disseram que devia ter alegria de viver. Então eu tenho. (LISPECTOR, 1999, p. 50)

Macabéa sai da cartomante cheia de grandes notícias, pois Madame Carlota afirma para a personagem que sua vida mudará a partir do momento em que sair de sua casa e prevê toda a felicidade que jamais tivera, muito dinheiro, o amor de um homem estrangeiro, casamento etc. Faz surgir na protagonista a esperança que jamais passara por sua mente, "nunca tinha tido coragem de ter esperança" (LISPECTOR, 1999, p. 101). Somente quando começa a desejar um futuro, quando percebe seu passado miserável e sente-se carente no presente, é que Macabéa vive seu instante de subjetivação, seu prenúncio de consciência. Mas o destino de pessoas como Macabéa está longe de ser como o profetizado pela cartomante, a protagonista passa a viver uma vida de expectativa e sonhos que jamais se realizariam. Rodrigo salvou Macabéa da miséria e da ignorância. A morte da personagem constitui-se também uma saída para Rodrigo que queria se livrar da nordestina: "uma saída ainda que discreta, ainda que pela porta dos fundos. Saída para o sujeito, saída para a própria escrita, que alcança o exterior da linguagem, seus murmúrios, sua gagueira, seu silêncio" (SILVA, 2005, p. 20)

Permanecendo Macabéa viva, Rodrigo viveria incomodado com a nordestina, com sua inabilidade para a vida: sua única saída seria matá-la. Evidencia-se dessa forma o poder de Rodrigo em criar e matar sua personagem através de seu discurso, o poder de dar voz e de calar Macabéa, de representá-la e inventá-la ou interpretá-la conforme a ele aprouver. O discurso masculino é que decide sobre a vida de Macabéa, que inventa a mulher e a despe de qualidades e identidade, escrevendo a mulher e mascarando sua real essência, o que é internalizado pela própria mulher como verdade acerca de si mesma.

Ao matar seu personagem, o narrador Rodrigo SM descobre que também morrerá, afinal a morte é o destino de todos e, encerrada a história de Macabéa, encerra-se também a história de Rodrigo, pois o narrador fora criado para narrar as aventuras da nordestina, mas como esta nordestina já não existe mais, torna-se inútil à vida do narrador: "Macabéa me matou" (LISPECTOR, 1999, p. 111). Com isto a morte é a única figura que consegue dar fim a esta história, pois a todo o momento, o narrador deixa claro que não havia outro destino para seu personagem e, consequentemente, para si mesmo. Como afirma a própria autora de A hora da estrela, "trata-se de um livro inacabado, porque lhe falta a resposta. Resposta esta que espero que alguém no mundo me dê" (LISPECTOR, 1999, p. 28).

Holanda trata com maestria a questão imposta por Lispector, ao escrever que

> O escritor concebe a literatura como um fim, o mundo reenvia-lhe como meio: e é nesta decepção infinita, que o escritor reencontra o mundo, um mundo estranho, aliás, visto que a literatura o representa como questão, nunca, em definitivo, como uma resposta. (HOLANDA, apud SILVA, 2005, p. 19)

Considerações finais

Ainda considerada literatura marginal, a escrita feminina tem proposto revisões ao cânone, para que sua produção possa ser devidamente valorizada. *A hora da estrela* é um livro engajado não só em uma causa social, mas principalmente, em uma causa literária, pois, junto à história da nordestina lê -se a história de seu escritor, que questionou as formas e as possibilidades de se contar uma história, de compor uma narrativa. A referida obra analisada traduz o grito de denúncia através do silêncio, um silêncio tão significante que se torna mais expressivo que qualquer palavra: "Macabéa por meio de sua mudez, grita por este povo gentio do Brasil, um povo por vir. A hora da estrela em queda é a hora do grito" (SILVA,

2005, p. 74). A personagem representa uma classe social marginalizada, mas que "apesar de tudo, pertencia a uma resistente raça anã teimosa que um dia vai talvez reivindicar o direito ao grito" (LISPECTOR, 1999, p. 105).

Conclui-se, portanto que a representação da personagem Macabéa e o silêncio que é parte desta identidade são construídos pelo discurso do narrador, o qual apresenta uma ideologia machista, afinal Rodrigo S. M. poderia criar uma personagem totalmente diferente, mas prefere criar Macabéa, produzindo significado através da prática de representação do feminino.

A linguagem constitui-se como espaço para a construção da subjetividade do discurso do narrador, que constrói uma representação estereotipada da personagem, cujas falas representativas apontam para a protagonista da obra, Macabéa, como um ser marginalizado e inconsciente, dificultando a formação de sua identidade por parte do leitor.

Quem de fato é Macabéa? O quanto conhecemos de Rodrigo S. M. pelas suas falas sobre a personagem, sua criação e representação? O que a construção de um discurso metalinguístico dentro desta narrativa nos permite refletir, questionar e até mesmo reproduzir?

Uma das grandes contribuições dos estudos do discurso e das representações está na possibilidade de se desvelar o que a linguagem oculta nos discursos, nas memórias, no poder dos significados. A psicanálise, aliada da Análise do Discurso, aparece nas palavras de Moscovici retratando o poder que os discursos comportam ao afirmar que

> [...] quando você classifica alguém como judeu, neurótico ou pobre, não está meramente afirmando um fato, está também fazendo um julgamento e está estigmatizando tal pessoa. E também revelando sua teoria sobre a sociedade e natureza humana. (MOSCOVICI, 1981, p.194)

Portanto, o que somos e o que vemos está carregado do que ficou silenciado, abafado na memória discursiva, como um saber anônimo, esquecido, perpassado pelo olhar do outro.

Referências

ALENCAR, J. *Senhora*. São Paulo: Martin Claret, 2007.

ALVES, B. M; PITANGUY, J. *O que é o feminismo*? São Paulo: Brasiliense, 2002.

BAKHTIN, M. *Marxismo e filosofia da linguagem*. Tradução Michel Lahud e Yara Frateschi Vieira. 9. ed. São Paulo: Martins Fontes, 1999.

BAUMAN, Z. *Identidade: Entrevista a Benedetto Vecchi*. Rio de Janeiro: Zahar, 2005.

BRANCO, L. C. *O que é escrita feminina*. São Paulo: Brasiliense, 1991.

BRANDÃO, H. H. *Nagamine*. Introdução á Análise do Discurso. Campinas: Unicamp, 2004.

CANDIDO, A. *Literatura e sociedade*: estudos de teoria e história literária. 8. ed. São Paulo: T. A. Queiroz, 2000.

CASTRO, V. Ser escritora no século XIX. Disponível em: <http: //nani-lingua-portuguesa. com.br/art_04.html>. Acesso em: 20 out. 200.7

CULLER, J. Identidade, identificação e sujeito. In: *Teoria literária*: uma introdução. São Paulo: Beca, 1999.

D'INCAO, M. A. Mulher e família burguesa. In: DEL PRIORE, M. *História das mulheres no Brasil*. 2. ed. São Paulo: Contexto, 2004. p. 223-240.

FOUCAULT, M. *A hermenêutica do sujeito*. Tradução de Márcio Alves Fonseca e Salma Tannus Muchail. São Paulo: Martins Fontes, 2004.

HALL, S. *A identidade cultural na pós-modernidade*. Tradução de Tomaz Tadeu da Silva e Guacira Lopes Louro. 10. ed. Rio de Janeiro: DP&A, 2005.

HAROUCHE, C. (1983) *Fazer dizer, querer dizer*. Tradução de Eni Orlandi, Freda Yndursky e Marise Manoel. São Paulo: Hucitec, 1992.

HOUAISS, A. *Dicionário Eletrônico da Língua Portuguesa*. São Paulo: Objetiva, 2002.

LAJOLO, M. *Como e por que ler o romance brasileiro*. Rio de Janeiro: Objetiva, 2004.

LISPECTOR, C. *A hora da estrela*. Rio de Janeiro: Rocco, 1999.

MOSCOVICI, S. *A Representação Social da Psicanálise*. Rio de Janeiro: Zahar, 1978.

ORLANDI, E. *Sujeito & discurso.* São Paulo: PUC-SP, 1988.

______. *As formas do silêncio:* no movimento dos sentidos. 6. ed. Campinas: Unicamp, 2007.

PECHEUX, M.; FUCHS, C. A propósito da análise do automática do discurso. In: GADET, F.; HAK, T. (Orgs.). *Por uma análise automática do discurso*: uma introdução á obra de Michel Pêcheux. Campinas: Unicamp, 1975.

PERROT, M. *Minha história das mulheres.* São Paulo: Contexto, 2007.

ROSENBAUM, Y. *Clarice Lispector.* São Paulo: Publifolha, 2002.

SCÓTOLO, I. *Discursos e reprodução de sentidos na escola.* Interface entre o discurso escolar, alunos e processos de significação. São Paulo: Porto de Idéias, 2010.

SILVA, N. J. Macabéa e Zobeide: sonho, cidade e fugas. Outros sertões, Universidade do Estado da Bahia, Campus XXII, *Euclides da Cunha,* v. 1, n. 1, 2005.

XAVIER, E. Que corpo é esse? O corpo no imaginário feminino. São Paulo: Mulheres, 2007.

ZOLIN, L. O. *Desconstruindo a opressão.* A imagem feminina em A República dos sonhos de Nélida Piñon. Maringá: Eduem, 2003.

Singrando as águas luso-afro-brasileiras de *Nação Crioula*

Daiane Lima
Diego Satyro
Diomar Viegas
Kal Prado

Introdução: os nós de além-mar

O romance *Nação Crioula* (1997), escrito pelo angolano José Eduardo Agualusa, tem suscitado algumas discussões entre a crítica especializada e o público-leitor. Seu enredo é simples e dinâmico, remetendo-nos a obras da primeira metade do século XIX, à época do ido Romantismo. A linguagem, dando forma à trama romanesca, é acessível ao leitor contemporâneo. Trata-se de um romance histórico epistolar, cujo protagonista é Carlos Fradique Mendes – *persona* idealizada pelo romancista Eça de Queirós.

O tempo da narrativa compreende o período de Maio de 1868 a Agosto de 1900. Esse recorte histórico enseja uma série de diálogos oportunos aos narradores – Fradique Mendes e Ana Olímpia – e ao narrador-criador. Tais diálogos são entremeados por assuntos relevantes ao entresséculos, como o processo de neocolonização das colônias africanas, o movimento abolicionista, no Brasil e na Europa, e a transição artística do pós-Romantismo ao Modernismo. Assim, ler *Nação Crioula* exige do leitor uma disponibilidade para lidar com o dialogismo e com a poética pós-moderna.

Retomando a tradição do romance epistolar francês, evidenciada nas novelas românticas camilianas[1], *Nação Crioula* faz uso do mesmo recurso narrativo. O romance é composto por vinte e seis cartas. Desse total de missivas, contabilizamos dez destinadas à Madame de Joaurre, madrinha de Fradique; outras dez, à Ana Olímpia, interesse amoroso do protagonista; e seis, ao escritor português, Eça de Queiroz.

O enredo começa com a chegada de Fradique a Luanda, capital de Angola. Lá, a personagem conhecerá Ana Olímpia, filha de uma escrava, e casada com um escravocrata. Viúva, Ana Olímpia e Fradique iniciam um romance em 1872, que perdurará até 1888, ano em que Fradique morre. Nesse ínterim, Ana Olímpia é vendida a sua rival, Gabriela Santamarinha, e, salva, na companhia de Fradique, vem ao Brasil, onde o casal se tornará signatário do movimento abolicionista. Deste consórcio, nascerá a pequena Sophia.

Em entrevista ao programa *Sempre um papo*, veiculada na rede de computadores[2], o escritor José Eduardo Agualusa comenta os motivos pelos quais foi levado à redação de *Nação Crioula*[3]:

1. Paulo Motta Oliveira, em "Entre continentes e culturas: as travessias de Fradique Mendes" sugere a transcrição de cartas como processo de narratização incorporado à literatura portuguesa. Haja vista as novelas do romântico Camilo Castelo Branco, como *Amor de Perdição*." (ABDALA & SCARPELLI, 2004, p. 92).
2. Esta entrevista foi postada em 7 jul. 2007, no sítio *Youtube*. Disponível em: http://www.youtube.com/watch?v=ZghFqMA0vxM. Acesso em: 3 out. 2010.
3. Para tornar o texto legível, foi-nos necessário fazer algumas intervenções no processo de retextualização.

> Entrei em um sebo e comprei uma velha edição d[A] *Correspondência do Fradique Mendes* do Eça de Queiroz. Fui ler na praia... fui reler, na verdade (já tinha lido há muito tempo) e, logo ao abrir o Eça de Queirós, vi que o narrador contava ter conhecido o Fradique Mendes, logo depois de ele [Fradique] ter retornado de uma viagem à África Austral. Então fiquei a pensar naquilo... porque o Fradique nunca falou o que aconteceu durante aquele tempo. E comecei a imaginar o que o Fradique poderia escrever se tivesse viajado por Angola no século XIX. Além disso, tinha uma outra história comigo, desde há muito tempo, que era a história de duas personagens angolanas conhecidas: Dona Ana Joaquina, que foi uma das mulheres mais ricas de Angola no século XIX, sendo mestiça e sendo traficante de escravos. Ela deixou um palácio belíssimo em Luanda. A outra personagem é muito pouco conhecida, é meio desconhecida. Só há um relato dela, por meio de uma viajante inglês, que esteve em Angola, no Baile do Governador, e conta ter conhecido uma senhora negra, que chegou a Luanda como escrava e depois virou uma escravocrata e era, também, muito rica. E aquilo mexeu muito comigo – saber o que pensaria uma mulher que, tendo sido escrava, viesse a ser escravocrata.

Pela fala de Agualusa, podemos extrair pontos relevantes para a análise de *Nação Crioula*. Em primeiro lugar, a *intertextualidade* entre o romance agualuseano e, conforme apontado pelo próprio autor, a obra *A Correspondência de Fradique Mendes* (1900), do português Eça de Queirós. O elemento narrativo que legitima a condição de intertexto dos dois romances é, como dissemos, seus protagonistas. Em segundo lugar, desponta no comentário do autor a presentificação da História como construto subsidiário da escrita de *Nação Crioula*. Nesse sentido, em vez da protagonista masculina, é a mulher agualuseana nosso foco. Ana Olímpia (cujo nome é uma nítida referência à Ana Joaquina) é a junção de duas mulheres que, segundo relatos históricos, viveram – ex-centricamente – durante o final do século XIX em Angola. Parece-nos, então, que, ao escrever *Nação Crioula*, Agualusa se perguntou: que aconteceria se o Fradique de Eça de Queirós conhecesse a minha Ana Olímpia? Desse encontro, Agualusa escreveu suas 159 páginas.

Neste artigo, será as personagens protagonistas de Nação Crioula a linha condutora de nossa discussão. Por meio delas, objetivamos chegar a uma compreensão parcial da ideologia decorrente do romance. Dada uma orientação didática, em seguida a esta Introdução, analisaremos, separadamente, Fradique Mendes e Ana Olímpia. Por fim, reuniremos as personagens em um enlace, de modo a tematizar o romance.

Antes de embarcarmos no *Nação Crioula* (por sinal, nome da embarcação que conduz Fradique Mendes e Ana Olímpia de Angola ao Brasil), é preciso que tragamos a lume algumas questões relacionadas à intertextualidade do romance. A primeira delas é a estética a que, em certa medida, se liga a obra.

Uma vez que *Nação Crioula* foi escrito em 1997, trata-se, em hipótese, de um romance pós-moderno. Referimo-nos à noção de "hipótese", porque sabemos da nomenclatura fragmentada e inconclusiva que orbita em torno da literatura contemporânea. Assim, limitamo-nos a dois teóricos, apenas. São eles o brasileiro Domício Proença Filho, autor de *Pós-modernismo* e *literatura* (1988), e a canadense Linda Hutcheon, autora de *Poética do pós-modernismo: história, teoria e ficção* (1995). No corpo teórico de ambos os autores, existe um consenso quanto ao início desse movimento: a segunda metade do século XX, em seguida ao fim da Segunda Guerra Mundial. Eis o que nos relata o teórico brasileiro: "*Pós-modernismo* se estende basicamente como o *estilo estético* que vem-se desenvolvendo na segunda metade do século atual, ainda que, por muitas vezes, o termo apareça como sinônimo de pós-modernidade." (FILHO, 1988, p. 12, grifos do autor)

Com efeito, nossa preocupação não é rotular *Nação Crioula* como um romance histórico pós-moderno, de modo a tornar essa classificação algo estanque e estéril. Falamos em pós-modernismo, porque entrevemos, em seu estudo, uma instrumentalização teórica. Quer dizer: os estudos feitos por Domício Proença Filho e Linda Hutcheon oferecem-nos subsídios teóricos para analisar *Nação Crioula*. Tais subsídios são, em especial, a intertextualidade (anunciada há pouco) e a metaficção historiográfica[4].

O conceito de metaficção historiográfica foi formulado por Linda Hutcheon. Para a autora, cuja linha de pesquisa transita entre a Literatura, a História, a Semiótica e a Análise do Discurso, há, a partir dos anos 1970, "um novo desejo de pensar historicamente, e hoje pensar historicamente é pensar crítica e contextualmente." (HUTCHEON, 1995, p. 121). Essa perspectiva aglutinante é evidenciada no subtítulo de sua obra: *Poética do pós-modernismo: história, teoria, ficção*.

A interação História-Literatura é, assim, resumida por Hutcheon: "O que a escrita pós-moderna da história e da literatura nos ensinou é que a ficção e a história são discursos, que ambas constituem sistemas de significação pelos quais damos sentido ao passado [...]. Em outras palavras, o sentido e a forma não estão nos acontecimentos, mas nos sistemas que transformam esses "acontecimentos" passados em "fatos históricos presentes." (HUTCHEON, 1995, p. 172).

Em oposição à História herdeira do século XVIII, teorizada sob o eixo positivista, Hutcheon é adepta da chamada Nova História[5]. Segundo Michel Foucault, já que não é possível um relato histórico destituído de carga ideológica, o

4. A leitura de *Nação Crioula*, à luz da teoria da metaficção historiográfica, é explorada em: SOUSA, A. de. *De mares e travessias*: três romances, três viagens. Tese de Doutorado apresentada ao Curso de Pós-Graduação em Letras da Universidade Federal Fluminense. Rio de Janeiro, 2006, p. 11.
5. HUTCHEON, L. 1995, p.134.

referente para a História não é o fato em si, mas o discurso. Ou seja: não existe uma versão histórica; há versões, no plural. Em cada uma delas, são operacionalizados fatores de enunciação como texto, produtor, receptor, contexto de produção e contexto de recepção.

Entendido o conceito de Nova História, Hutcheon arrolará, em base de um *corpus* da literatura em língua inglesa, sobretudo, romances cuja estrutura traduz a metaficção historiográfica. Trata-se de narrativas em que há o exercício da retrovisão. Por retrovisão, inferimos a capacidade de avaliar o passado, criticando-o e livrando-nos de qualquer sentimento nostálgico, segundo as lentes do agora: "A ficção pós-moderna sugere que reescrever ou reapresentar o passado na ficção e na história é – ambos os casos – revelá-los ao presente, impedi-lo de ser conclusivo e teleológico." (HUTCHEON, 1995, p. 147).

Mais uma vez, é Foucalt um dos teóricos a quem Hutcheon busca, com vistas a discutir a intertextualidade[6]. Sobre esse item, o analista escreve: "As fronteiras de um livro nunca são bem definidas: por trás do título, das primeiras linhas e do último ponto final, por trás de sua configuração interna e de sua forma autônoma, ele fica preso num sistema de referências a outros livros, outros textos, outras frases: é um nó dentro de uma rede." (FOCAULT apud HUTCHEON, 1995, p. 167)

Compreender o conceito de intertextualidade e entender seus mecanismos é algo agregador à leitura de *Nação Crioula*. Além do projeto ideológico do narrador-criador, discutido a seguir, existe uma relação intrínseca entre a intertextualidade e a metaficção historiográfica: "A intertextualidade pós-moderna é uma manifestação formal de um desejo de reduzir a distância entre o passado e o presente do leitor e também de um desejo de reescrever o passado dentro de um novo contexto." (FOCAULT apud HUTCHEON, 1995, p. 157)

Em síntese, a intertextualidade, na prosa pós-moderna, está inserida no todo representado pela metaficção historiográfica. Entendidos esses conceitos, podemos identificar aspectos de *Nação Crioula* que comprovem a presença de tais expedientes.

Nos textos a seguir, empreenderemos essa comprovação. Para isso, propomo-nos a fazer um simulacro do projeto agualuseano. Da mesma forma que o romancista, configuramos nossa análise sob a perspectiva dialética da intertextualidade. Ademais, o critério para a escolha das obras com as quais defrontaremos *Nação Crioula* corresponde ao tripé Portugal-Angola-Brasil. Desse modo, o trânsito lu-

6. De acordo com Domício Proença Filho, a intertextualidade é uma das características básicas do pós-modernismo, como lemos nos dois trechos a seguir: 1. "Torna-se *frequente* também a *presença marcante da intertextualidade*, ou seja, à luz das teorias de Bakhtin, do diálogo ou cruzamento de vários textos. Na literatura contemporânea isso se dá sobretudo com o aproveitamento intencional de obras do passado. Insere-se nesse procedimento a *mistura de estilos* presente também na arte literária dos últimos decênios." (PROENÇA FILHO, 1988. p. 39) (grifos do autor); e 2. "[No pós-modernismo] *presentifica-se uma tendência à utilização deliberada da intertextualidade*, como deixam bem claro o mesmo romance de *Cem anos de solidão*, de García Márquez e mais *O nome da rosa*, de Umberto Eco, e o romances do americano John Barth, como *Quimera*, por exemplo." (PROENÇA FILHO, 1988, p. 42).

so-afro-brasileiro que conduz a narrativa do romance será transplantado para este artigo. Cruzando os mares de signos que compõem a obra, tentaremos desembarcar em outro texto, cuja travessia foi ampliada/facilitada, por meio de diálogos intertextuais.

O trânsito Angola-Portugal via Fradiques

Sob uma perspectiva intertextual, não podemos nos furtar da análise comparativa entre os heróis eciano e agualuseano. A partir de agora, então, focaremo-nos nos Fradiques de *Nação Crioula e de A Correspondência de Fradique Mendes.* Desse modo, abrimos a travessia Angola-Portugal.

Em base do exercício de retrovisão histórica, segundo o qual o passado é visto por meio da ótica do presente, nosso itinerário partirá do romance de José Eduardo Agualusa, para, em seguida, dialogarmos com o romance eciano.

O Fradique Mendes de *Nação Crioula* é um homem culto, interessado em filosofia, literatura, história e antropologia. Aventureiro, Fradique é, para título de comparação, uma espécie de *Indiana Jones* intelectual[7]. Cosmopolita, o português é um pleno cidadão do mundo. Fradique é um homem sob influência do Iluminismo; para ele, a felicidade está subjacente ao conhecimento. Eis seu interesse pelo turismo cultural que o encoraja a viajar mundo afora.

Na segunda carta que compõe o romance, "Carta a Madame de Jouarre. Luanda, Junho de 1868"[8], podemos antever o porquê da visita de Fradique à África: "O jovem Arcénio de Carpo olhou-me entre o escândalo e o desgosto: <<Filosofia? Pois vossa excelência veio à África à procura de filosofia?!>>. Dei-lhe razão. Aquilo que os europeus desconhecem é porque não pode existir." (AGUALUSA, 2007: 17)

Por sinal, Arcénio de Carpo, pai, português que há muito vive em Luanda, é o primeiro membro da dinâmica escravista com quem Fradique se relaciona. Arcénio é, afinal, um traficante de almas, cujo comércio é voltado para o mercado brasileiro.

A priori, a posição de Fradique ante o sistema escravista é relativamente ingênua. O herói revela-se contrário ao tráfico de almas, mas integra-se à elite es-

7. Em entrevista ao *Jornal do Brasil*, de 19 de agosto de 1998, quando perguntado sobre o porquê de ter suscitado Fradique Mendes, Agualusa responde: "Inicialmente era algo mais do que um personagem literário: ele era uma espécie de heterônimo coletivo capaz de representar o que aqueles escritores gostariam que fosse o novo homem português, um aventureiro culto, muito viajado, céptico mas de bom coração, algo, digamos, assim, como um *Indiana Jones*, mas mais inteligente, e sofisticado." JORNAL DO BRASIL. Rio de Janeiro: Cultura, 19 ago. 1998, p. 6.
8. *Nação Crioula*, p. 15.

cravista de Angola com certa neutralidade. Já na primeira carta que estrutura o romance, "Carta a Madame de Jouarre. Luanda, Maio de 1888"[9], o narrador denuncia a problemática da escravidão, direcionando a narração a símbolos típicos do sistema escravista: "Presas aos altos muros veem-se *cadeias de ferro* e no centro do pátio o *pelourinho* que o coronel garante nunca ter utilizado." (AGUALUSA, 2007, p. 13, grifos nossos).

À medida que a personagem interage com atores do abolicionismo brasileiro, seu posicionamento será arrefecido[10]. Na "Carta a Eça de Queirós. Paris, Outubro de 1888" (p. 131), penúltima do romance, é-nos possível antever um Fradique que critica a escravidão sob o viés do processo colonizatório. Quer dizer: o Fradique que antes analisava as *partes* (a relação do traficante de almas angolano com seus escravos) passa a analisar o *todo* (o escravo como ativo no processo de formatação política de um país), em sintonia com o método cartesiano de René Descartes[11]:

> Os nossos políticos gostam de dizer que estamos em África, para civilizar os selvagens e propagar a mensagem de Cristo – tretas! Foi o impulso biológico da propagação da raça que empurrou as caravelas. Estamos [os portugueses] em África, na América e no Oriente pelo mesmo motivo por que os fungos se alastram e os coelhos copulam – porque no íntimo sabemos (o nosso sangue sabe-o) que colonizar é sobreviver. (AGUALUSA, 2007, p. 133)

A fim de analisarmos mais a fundo a personagem, é necessário que bebamos da mesma fonte que o narrador-criador, José Eduardo Agualusa, bebeu: o livro *A Correspondência de Fradique Mendes* (1900), de Eça de Queirós. O escritor português, ao encerrar seu romance *Os Maias* (1888), concluiu que o riso franco e a leveza dos assuntos estavam fugindo à sua pena. Por conta disso, Eça decidiu criar uma *persona* irreverente e que lhe trouxesse a risada genuína à tona. Carlos Fradique Mendes é símbolo da contemporaneidade: anticlerical, flerta com o budismo e o babismo; discreto, não manifesta suas emoções, deixando que a Razão o conduza.

9. Ibidem, p. 11.

10. Dentre os abolicionistas com quem Fradique se relaciona, podemos citar José do Patrocínio e Luís Gama. Estes aparecem em "Carta a Eça de Queirós. Engenho de Cajaíba, Maio de 1877" (AGUALUSA, 2007, p. 95). Nesse momento do enredo, Fradique está comemorando a alforria coletiva que concedeu aos 150 escravos do Engenho onde vive. O narrador relata-nos: "Conheci, assim, um jovem jornalista, José do Patrocínio, que me dizem ser o terror dos grandes Senhores de Engenho." (AGUALUSA, 2007, p. 96) e "Na companhia de José do Patrocínio veio do Rio de Janeiro outra figura importante do movimento emancipalista: o advogado Luís Gama, muito conhecido por nos últimos anos se ter distinguido na defesa de cidadãos ilegalmente escravizados." (AGUALUSA, 2007, p. 97) .

11. A fortuna crítica de *A Correspondência de Fradique Mendes* já apontou as semelhanças entre Fradique e Descartes. Isso aparece, sobretudo, na forma como o personagem realista analisa o mundo circundante, de acordo com o método cartesiano teorizado pelo filósofo e matemático francês. Além disso, a intertextualidade entre o *Discurso do Método* e o romance epistolar de Eça de Queirós é explicitada na carta XIII, "A Clara...": "Mas tu [Clara] vieste, doce adorada, para me fazer sentir a minha adorada, para me fazer sentir a minha realidade, e me permitir que eu bradasse também triunfalmente o meu - <<*amo, logo existo*!>>" (QUEIROZ, 1966, p. 196, grifo do autor). Aqui, famoso aforismo descartiano (*penso, logo existo*) dialoga com a criação do fabulista português.

Quando comparamos os Fradiques, o de Agualusa e o eciano há algo neste que retém nosso olhar: segundo Eça de Queirós, Fradique é um homem apegado ao Real: "[...] Qual era, porém, a sua qualidade essencial e intrínseca? Tanto quanto pude discernir, a suprema qualidade intelectual de Fradique pareceu-me sempre ser – *uma percepção extraordinária da Realidade*." (QUEIRÓS, 1966, p. 68, grifo nosso).

No entanto, comparando o Fradique de *A Correspondência*... com o de *Nação Crioula*, vemos certa ingenuidade neste último. Na fuga para o Sul de Angola, onde embarcariam no Nação Crioula, a comitiva presidida por Arcénio de Carpo, filho, assiste a um grupo de quissamas que arrastava, "preso a uma corda [,] um rapazinho magro, coberto de feridas, o olhar espantado de gazelas" (AGUALUSA, 2007, p. 63). Integrantes da tribo, neste momento, oferecem o jovem escravo a Fradique, que se indigna com tal oferta. O jovem cativo, então, desespera-se e lança-se aos pés do narrador. É quando Arcénio interpela Fradique:

> <<Se não o compramos, eles matam-no>>, explicou Arcénio: <<Era exactamente isto que eu lhe queria dizer. Ao comprar um escravo estou a salvar-lhe a vida>>. Em sua opinião o tráfico negreiro é uma forma de filantropia. Ele, como o pai, ama os negros e só por isso os vende para o Brasil. Acredita que a escravatura tem os dias contados na grande pátria de Dom Pedro II e que os desgraçados uma vez libertos, estarão melhor lá do que estão agora aqui. Prosseguimos viagem às quatro horas da tarde, *levando o rapazinho*... (AGUALUSA, 2007, p. 63-64, grifo nosso)

Como podemos observar no trecho acima, o Fradique agualuseano é facilmente convencido do argumento apresentado por Arcénio. Seu discurso antiescravista dá abertura a uma concessão, sinalizando a influência de Arcénio sobre a personagem.

Outro aspecto divergente entre os heróis é o (não) sentimento de pertença a uma nacionalidade. Para o Fradique eciano, a pátria portuguesa desperta-lhe saudades constantes: "A saudade do velho Portugal era nele constante: e considerava que, por ter perdido esse tipo de civilização intensamente original, o mundo ficara diminuído." (QUEIRÓS, 1966, p. 82)

Entretanto, o Fradique agualuseano não é nacionalista-ufanista. Em suas cartas, percebemos um homem muito interessado pelo que é exótico. Nesse sentido, suas pátrias de eleição são Angola e Brasil. Em ambos os casos, sua escolha se dá mediante o critério amoroso: foi em Luanda e, depois, no recôncavo baiano, que Fradique viveu na companhia de Ana Olímpia, seu único interesse amoroso na narrativa.

Por sinal, *o amor* é um tema sobre o qual precisamos nos debruçar. Em *A Correspondência...*, Fradique é um dândi, desapegado de qualquer relacionamento estável[12]. Esse quadro excetua-se, apenas, quando se trata de Clara. "Rainha de graça entre as mulheres"[13], a personagem feminina será destinatária de quatro missivas, identificadas pelo título "A Clara...".[14] É curioso notar que todas as cartas possuem, abaixo do título, a seguinte observação: "(trad.)". Desse modo, podemos ponderar sobre a nacionalidade do interesse amoroso de Fradique. Com o propósito de fixar a realidade, Eça de Queirós provoca-nos a acreditar que, além de editar todas as cartas, traduziu para a língua portuguesa algumas delas. Posto isso, é provável, então, que Clara não fosse portuguesa[15]. Sua nacionalidade é, para o leitor, uma incógnita.

Em busca de respostas, é nos permitido supor que a personagem feminina seja francesa. Aventamos essa hipótese dado o local em que Fradique a conheceu: no baile de Tressans, na companhia de Madame de Jouarre[16]. A região de Tressans é localizada na costa francesa, distante, portanto, da capital, Paris. Assim, ousamos inferir que, talvez, a personagem se chame, na verdade, *Claire*.

O lugar ocupado por Clara em *A Correspondência...* aproxima-se, mas não equivale, ao de Ana Olímpia em *Nação Crioula*. O não aparelhamento das personagens femininas ocorre devido à protagonização da personagem agualuseana, conforme veremos no texto a seguir. No tocante à Clara, todavia, essa protagonização é mais limitada.

Nesse jogo intertextual de exclusão/inclusão, encontramos o argumento necessário para sugerir que, ao compor *Nação Crioula*, Agualusa não pressupõe que seu leitor-ideal tenha lido *A Correspondência...* A intertextualidade, portanto, não é uma camisa de força tanto para o escritor quanto para o leitor.

Outro tópico que nos permite travar diálogos intertextuais é a presentificação da cultura brasileira nos dois romances. O Brasil é, pois, objeto de interesse de ambos os Fradiques. No caso de *A Correspondência...*, a colônia é criticada, como vemos em carta a Eduardo Prado (Paris, 1888):

> [...] E V., menos céptico que Pilatos, exige a Verdade, a nua Verdade, sem *chauvinismos* e sem enfeites... Onde a tenho eu, a Verdade? Não

12. Na biografia de Fradique, primeira parte da redação de *A Correspondência...*, ao relatar a ida de seu personagem ao Cairo, Eça de Queirós escreve: "O que o [Fradique] podia arrastar ao Cairo senão *alguma saia*, esse desejo esplendidamente insaciável de deusas e mulheres [...]" (QUEIROZ, 1966, p. 37, grifo do autor).

13. QUEIROZ, 1966: 166.

14. Ibidem: 166, 195, 219 e 227.

15. Na carta XVI, "A Clara", constatamos a comprovação de que Clara não é portuguesa: "Para me consolar da verdura perdida, acendi o meu lume: - e toda a noite de ontem *me mergulhei na muita velha crônica dum Cronista medieval da minha terra, que se chama Fernão Lopes.*" (QUEIRÓS, 1966, p. 220, grifo nosso). Quer dizer: se Clara não conhece Fernão Lopes – identificado como escritor de outra pátria ("da minha terra...") – confirma-se nossa sugestão de que a personagem não é portuguesa.

16. Ibidem, p. 166.

> é, infelizmente, na Quinta de Saragoça que se esconde sob o cipreste e o louro, o poço divino onde ela habita. *Só lhe posso comunicar uma impressão de homem que passou e olhou.* E a minha impressão é que os *Brasileiros, desde o Imperador ao trabalhador, andam a desfazer e, portanto, a estragar o Brasil.* (QUEIRÓS, 1966, p. 231, grifos nossos)

Ou seja: para o Fradique eciano, o Brasil, observado sob o viés de um viajante que, aqui, permaneceu pouco tempo, é uma nação irresponsavelmente conduzida.

O Fradique agualuseano também critica a realidade brasileira, no que concerne à desigualdade social. Isso se dá logo que a personagem chega a Olinda:

> Nas ruas [de Olinda] respira-se o mesmo odor melancólico que me surpreendeu em Luanda, um entorpecimento que se transmite das pessoas para as casas, como se toda a população estivesse já morta e a cidade em ruínas. E, no entanto há aqui bairros opulentos. Os ricos são odiosamente ricos e ainda mais ricos e odiosos parecem ser por contraste com a extrema miséria do povo. Em Santo António os palacetes ocultam jardins exuberantes, onde à noite se dançam românticos bailes, enquanto os negros dormem exaustos em casebres de palha. (AGUALUSA, 2007, p. 78-79)

A crítica ao Brasil se estende ao desfecho do romance agualuseano. Em sua última carta endereçada a Eça de Queiroz, Fradique critica o processo colonizatório, como vemos no trecho:

> O que é que nós colonizamos? O Brasil, dir-me-ás tu. Nem isso. Colonizamos o Brasil com os escravos que fomos buscar a África, fizemos os filhos com eles, e depois o Brasil colonizou-se a si próprio. Ao longo de quatro demorados séculos construímos um império, vastíssimo, é certo, mas infelizmente imaginário. (AGUALUSA, 2007, p. 133)

Quanto a esse objeto de crítica, cumpre-nos destacar a diferença entre as personagens criadas por Agualusa e Eça de Queirós. Enquanto para esta os responsáveis pelos problemas do Brasil são *todos ("... do Imperador ao trabalhador")*, para aquela, há uma limitação: *o colonizador português.*

Ademais, Fradique critica o eurocentrismo que vigora em Olinda. É o que nos conta o narrador, em seguida à proposta feita por seu amigo, Alexandre Gomes, de conhecer o "Brasil brasileiro", localizado no recôncavo baiano:

> Alexandre vai a negócios – pensa em comprar a fazenda –, mas acredita que a viagem poderia ser proveitosa para mim, porque, diz ele, <<é uma oportunidade para estudar o Brasil verídico, autêntico, o Brasil brasileiro, e não este que por aqui se entendia, *envergonhado da sua natureza e tentando estupidamente transformar-se num país europeu*>>. (AGUALUSA, 2007, p. 80-81, grifo nosso)

Para o Fradique de *Nação Crioula*, o país promove, neste momento, uma visão edênica. É isso que vemos na "Carta a Ana Olímpia, Engenho Cajaíba, Março de 1877" (p. 83), quando Fradique compra a fazenda no recôncavo, onde viverá ao lado de Ana Olímpia:

> [...] <<Esta paisagem não foi ainda inaugurada. Tudo é novo como no primeiro dia. Dei o teu nome a uma das ilhas. *Era talvez aqui o paraíso,* e é certamente entre estas florestas que o senhor Deus repousa, recuperando do imenso desastre que foi a criação do Homem>>. (AGUALUSA, 2007, p. 84, grifo nosso)

Podemos inferir que, no plano da narrativa, há, neste trecho, um *clichê.* Trata-se do choque cultural, um pouco tardio em *Nação Crioula*, no qual o europeu se defronta com o exótico. Nesse sentido, percebemos uma relação intertextual. O romance de José Eduardo Agualusa dialoga com a vertente indianista do Romantismo, em que o índio americano e seu hábitat se tornam objeto de fascinação para o colonizador. No caso específico do romance em âmbito, o espaço, outrora ocupado pelo índio, passa a ser do escravo negro.

Com efeito, o Romantismo é um lócus de vestígios textuais em *Nação Crioula*. Isso aparece, sobretudo, na cinematograficidade da narrativa. Quer dizer: cada carta que compõe o romance encerra a estrutura de uma cena cinematográfica. A dinamicidade do enredo é, pois, típica da estética romântica. Outros aspectos da obra que corroboram esse argumento são a presença do *love story,* culminando em um *happy end*, a linguagem acessível e o maniqueísmo das personagens.

Ainda no que tange à personagem protagonista, vale ressaltar o fato de Fradique ser quase um "turista profissional". Sua condição de permanente viajante possibilita-lhe balizar as incongruências sociais no cerne dos grupos com que interage. Sobre isso, lemos em Sousa: "A condição de estrangeiro é fundamental para que Fradique Mendes possua o distanciamento necessário que lhe permita perceber as incoerências que parecem naturais aos angolanos." (SOUSA, 2006, p. 154).

Na esteira do que registra Sousa, podemos acrescentar o substantivo *brasileiro*. O viés crítico do Fradique agualuseano desdobra-se à nossa realidade.

Defrontados os Fradiques, é necessário que ponderemos sobre as razões que motivaram Agualusa a diferenciar sua personagem do paradigma eciano. Baseando-nos na teoria da intertextualidade, teorizada por Hutcheon, percebemos que *Nação Crioula*, embora parodie *A Correspondência...* na forma (gênero epistolar, mesmas personagens, pseudoedição de Eça de Queirós etc.), não o parodia ideologicamente. Em outras palavras, o projeto ideológico de Agualusa não vai de encontro ao de Eça. Enquanto o escritor angolano pretende subverter o discurso histórico, reformulando-o, o escritor português decide criar um heterônimo coletivo.

A heteronomização operada pelo escritor realista, por meio de Fradique, foi uma tentativa de resumir em uma única *persona* todas as características nobres de uma geração de intelectuais portugueses. É curioso notar como *A Correspondência...* se tornará vestígio intertextual para um dos autores mais canônicos da poética portuguesa: Fernando Pessoa. Por meio desse poeta, a heteronomização consolidar-se-á.

O trânsito Angola-Brasil via Ana Olímpia e Isaura

Em uma perspectiva intertextual, prosseguimos nosso trabalho de análise. Traçado o perfil de Fradique Mendes, cumpre-nos ponderar sobre a construção da personagem Ana Olímpia. Em seguida, compará-la-emos com Isaura, heroína do romance *A escrava Isaura* (1875), do brasileiro Bernardo Guimarães.

Em *Nação Crioula,* Ana Olímpia surge em "Carta a Madame de Jouarre. Luanda, Julho de 1968". Nessa missiva, Fradique narra à sua madrinha a ida ao Baile do Governador. É curioso notarmos que, primeiramente, o narrador registra seu "ritual iniciático luandense": conhecer Gabriela Santamarinha. Representação de extrema fealdade, Gabriela é uma personagem caricatural, cujas ações e aparência, em uma relação quase dialógica, refletem sua excentricidade e seu ridículo. Fradique, assim, resume-a: "A senhora Gabriela Santamarinha é de uma fealdade natural, sem artifícios nem retórica, exerce-a em cada gesto, em cada frase, no odor corporal, na forma bestial como caminha." (AGUALUSA, 1997, p. 22).

De forma paradoxal, o narrador apresenta-nos Ana Olímpia. Referimo-nos à figura do paradoxo, por tratar-se de uma completa oposição entre signos. Enquanto Gabriela Santamarinha reúne inúmeros caracteres de ordem pejorativa, Ana Olímpia impacta o narrador com sua beleza e sensualidade. Como vemos no trecho abaixo, a heroína romanesca promove uma cisão na narrativa. Essa cisão será, mais tarde, estendida à biografia de Fradique:

> Afastei-me atormentado pela certeza de que aquela seria uma das piores noites da minha vida. Não foi. No instante seguinte via-a: *a mulher mais bela do mundo*! Dançava-se a rebita, moda do país que com singular harmonia combina a graça mundana da valsa e o ritmo selvagem dos batuques. O mestre de cerimônias, um oficial negro conhecido por Gingão, dirigia a dança numa língua misteriosa, que mais tarde me garantiram ser francês. (AGUALUSA, 2007, p. 23, grifo nosso)

No momento em que o narrador, por meio da voz de Fradique, adjetiva Ana Olímpia como "a mulher mais bela do mundo", o leitor de *Nação Crioula* já pode antecipar um importante dado da narrativa: essa mulher será a personagem por quem o herói se apaixonará. O leitor, então, entrevê uma trama perpassada pelo *love story*. Com efeito, uma vez lido o romance, essa hipótese comprovar-se-á.

Nessa mesma carta, conhecemos, resumidamente, parte da biografia de Ana Olímpia. Trata-se de uma filha de um príncipe congolês, feito prisioneiro pelos portugueses, que cresceu como escrava na casa de Victorino Vaz de Caminha, importante traficante de almas. Completados seus catorze anos, a heroína casa-se com o escravocrata.

A partir desse momento, há um hiato de quatro anos na narrativa. Já em 1872, o destinatário de Fradique não é mais Madame de Jouarre, mas a própria Ana Olímpia. Lendo o peritexto da "Carta a Ana Olímpia. Benguela, Maio de 1872"[17], verificamos a seguinte saudação: "querida amiga". Somado a isso, o conteúdo da missiva não é muito revelativo sobre a possibilidade de uma relação amorosa entre as personagens. Fradique, nesse caso, escreve à Ana acerca de uma febre e da aculturação pela qual passou seu médico, Luís Gonzaga. Em meio à ausência de um discurso amoroso, perguntamo-nos qual a provável relação entre o assunto da carta redigida por Fradique e sua destinatária. Na verdade, por meio do processo de aculturação, Agualusa sinaliza certa semelhança entre o médico e Ana Olímpia. Da mesma forma que o médico português recorre às crenças africanas em sua prática profissional, Ana Olímpia é configurada, em sentido inverso: trata-se de uma africana que, em sua terra natal, sofre influências da cultura europeia. O escritor, ao criar um ser singular, tal como Fradique, oferece-nos uma escrava europeizada[18]. A aculturação em Ana Olímpia pode ser resumida no seguinte trecho: "Espantou-me, ao conversar com ela, ouvi-la citar Kant e Confúcio, troçar das teses de Charles Darwin. Comentar com inteligência e novidade a moderna lírica francesa." (AGUALUSA, 2007, p. 24).

Não obstante Confúcio seja um filósofo oriental, todos os outros autores e a matriz poética citados são de origem europeia. Com efeito, essa aculturação

17. *Nação Crioula*, p. 27.
18. A singularidade de ambos os personagens – Fradique e Ana Olímpia – é assunto de comentário feito por CARA: "[Ana Olímpia] É ser de exceção complementar a Fradique, com quem forma o par perfeito." (ABDALA & SCARPELLI).

aparece como pano de fundo na introdução épica da personagem. Ao colocar Ana Olímpia em cena, dançando a rebita, Agualusa, na voz didática de Fradique, aponta as raízes mistas desse gênero musical típico de Angola: a valsa, oriunda da França, e os batuques africanos.

Ainda em 1872, a trajetória de Ana Olímpia será abalada pela morte de Victorino Vaz de Caminha. Para Fradique, portanto, estava aberto o caminho ao início de uma relação amorosa, não extraconjugal. Isso se concretizará em "Carta a Ana Olímpia. Paris, Dezembro de 1872", cuja saudação é "Minha doce Princesa" (p. 43).

Nos moldes de uma novela romântica, uma vez instaurado o romance, aparecem os conflitos. Ana Olímpia receberá a visita de seu cunhado forasteiro, Jesuíno. Antagonista da obra, o colono vende Ana à Gabriela Santamarinha, para vingar-se da heroína. É a partir desse cativeiro que Fradique, sob os cuidados de Arcénio Carpo, filho, assiste à fuga da amada e acompanha-a em sua consequente vinda ao Brasil. Aqui, o casal engajar-se-á com a causa abolicionista, da qual Ana se torna peça chave. Sua vontade de disseminar os valores antiescravocratas leva-a a Paris, na Sociedade de Geografia, onde defenderá a libertação dos escravos. Em 1888, Ana Olímpia torna-se viúva outra vez. Fradique morre, vitimado por pleuris. Sozinha, na companhia apenas de empregados e de sua filha, Sophia, Ana decide retornar a Angola, onde se casará com Arcénio Carpo, filho, e se tornará comerciante.

Embora esse resumo não vise à observação de meandros do enredo, é importante considerarmos as etapas pelas quais passa Ana Olímpia. Exposta sua narrativa, podemos estabelecer as relações textuais nas quais nos focaremos.

Desde seu nascimento, Ana estava fadada a uma narrativa ex-cêntrica: filha de um príncipe, adorado por seu povo , a personagem nasce em cativeiro, na casa de Victorino Vaz de Caminha.[19] Após, casa-se com seu "senhor", que, por descuido, se esquece de alforriá-la. Isto é: legalmente, Ana Olímpia permanece escrava; em termos pragmáticos, todavia, é casada com um traficante de almas. Culta e inteligente, a personagem não vacila à morte do marido, assumindo suas empresas. Eis que há uma reviravolta: Ana é feita escrava de Jesuíno e, em seguida, de Gabriela Santamarinha. Por meio desse *plot twist,* Agualusa instaura uma subtrama tipicamente *romântica*: à mercê de seus algozes, a heroína sofrerá sucessivas humilhações, até o salvamento promovido pela personagem masculina. Liberta de seus carrascos, Ana vem para o Brasil; no lugar do brilho que lhe era característico, surge-lhe uma profunda apatia e alheamento[20]. Chegando ao Brasil, ao deslocar-se para o Engenho Cajaíba e conhecer figuras eminentes do movimento abolicionista, a ex-traficante de almas torna-se símbolo de repressão ao sistema escravocrata.

19. *Nação Crioula*, p. 23.
20. Ibidem, p. 62, 64, 65, 73.

Princesa. Escrava. Escravocrata. Fugitiva. Abolicionista escrava. Esses são alguns dos substantivos (e adjetivo) que podemos usar para significar e ressignificar Ana Olímpia, uma personagem-oxímoro.

Menos complexa, mas não menos instigante para o estudioso, é Isaura. Na perspectiva intertextual, o romance *A escrava Isaura* enseja alguns tópicos para diálogo com *Nação Crioula*. Por meio do confronto entre essas duas obras, é possível antevermos, no campo das semelhanças, a presença de elementos românticos – estética à qual se vincula o romance de Bernardo Guimarães – na obra pós-moderna de Agualusa e a formatação da heroína. Além de escravas, Ana Olímpia e Isaura possuem uma narrativa matizada. Por conta disso, nosso trabalho dedicar-se-á, brevemente, a apontar quais são as semelhanças e as diferenças que unem/afastam essas duas heroínas.

O romance *A escrava Isaura* foi escrito em 1875. Não nos é possível, contudo, situá-lo nesse exato ano. Essa impossibilidade é resultado da própria narração. Eis o início da obra: "Era nos primeiros anos do reinado do Sr. D. Pedro II" (p. 11). O autor, então, posiciona seu romance em um momento histórico um pouco anterior à sua data de publicação.[21] O espaço pode ser facilmente disposto em dois cenários: uma fazenda em Campos de Goitacazes, Rio de Janeiro, e a cidade de Recife, Pernambuco. O enredo é bastante simples, em consonância com a estrutura epocal: Isaura, filha de escrava (e, forçosamente, amásia) do comendador, é uma bela jovem de dezessete anos. Órfã de mãe e apartada de seu pai por seu senhor (cujo nome não nos é revelado), Isaura cresce sob os cuidados maternais de sua senhora. Desse modo, há um deslocamento *anti natura* em sua narrativa: em vez de crescer na senzala, onde viveu sua mãe, Isaura é criada na casa-grande. Essa mudança corresponde, pois, a uma ruptura. No lugar da cultura africana, a escrava Isaura conviverá com a cultura europeia, cuja matriz é francesa.

Com a morte de sua senhora e a ida definitiva do comendador à corte, a jovem Isaura fica à disposição do casal Malvina e Leôncio. Este, filho único do comendador e vilão da narrativa.

O conflito do romance se dá com o assédio de Leôncio à Isaura, moça pura e fiel à sua mais recente senhora, Malvina. Com medo de ser açoitada, por recusar-se a manter relações sexuais com seu senhor, Isaura foge para o Recife, na companhia de seu pai, Miguel, português e ex-feitor do comendador. Chegando a Pernambuco, Isaura apaixonar-se-á pelo jovem Álvaro, um rico estudante de direito com ideias abolicionistas. Será ele o instrumento de libertação da heroína, que se verá perseguida por Leôncio até o desfecho da obra.

Neste trabalho, conforme já dissemos, interessa-nos, sobretudo, a caracterização da personagem protagonista. Na verdade, é por meio da introdução épica de

21. "Note-se [em *A escrava Isaura*], por último, a recorrência de um lugar-comum de nossa ficção romântica: o gosto pelo histórico. A fabulação decorre nos "primeiros anos do reinado do Sr. D. Pedro II", vale dizer que, meio século antes de o romance ter vindo a lume [...]." (MOISÉSa, 2007, p. 196).

Isaura que Bernardo Guimarães inicia seu romance. Assim, em primeiro lugar, somos apresentados a um canto ao piano, cujo gênero, segundo o narrador, chama-se *copla* (GUIMARÃES, 2008, p. 13). Tal como um movimento cinematográfico de *travelling* pela casa-grande, o narrador conduz-nos à voz que entoa a elegia. Nesse momento, sua "câmera" para e lemos:

> Acha-se ali sozinha e sentada ao piano uma bela e nobre figura de moça. As linhas do perfil desenham-se distintamente entre o ébano da caixa do piano, e as bastas madeixas ainda mais negras do que ele. São tão puras e suaves essas linhas, que fascinam os olhos, enlevam a mente, e paralisam toda análise. *A tez é como o marfim do teclado, alva que não deslumbra, embaçada por uma nuança delicada, que não sabereis dizer se é leve palidez ou cor-de-rosa desmaiada.* (GUIMARÃES, 2008, p. 13, grifo nosso)

Se não conhecêssemos o conteúdo da copla modulada por Isaura, poderíamos supor que a descrição acima se refere a uma moça livre, filha do dono da casa-grande. No entanto, ao lermos/imaginarmos ouvir o poema abaixo, somos lançados, inevitavelmente, ao tema do escravismo:

> Desd'o berço respirando
>
> Os ares da escravidão,
>
> Como semente lançada
>
> Em terra de maldição,
>
> A vida passo chorando
>
> Minha triste condição
>
> [...].
>
> (GUIMARÃES, 2008, p. 12)

A cena em que conhecemos Isaura é muito significativa. De certo modo, o piano configura uma metonímia: trata-se da representação parcial da cultura europeia. Se analisarmos o piano como um *símbolo*, considerando o paradigma educacional feminino do século XIX, é possível inferir a influência da cultura do Velho Mundo sobre a personagem. Não é à toa, portanto, que o narrador utiliza essa mesma imagem para compor a descrição física de Isaura, cuja pele branca se assemelha à brancura de um teclado.

Além de tocar piano, Isaura é uma jovem, aparentemente, letrada. À recusa de relacionar-se sexualmente com Leôncio, este, enfurecido, esbraveja:

> — Oh! — exclamou Leôncio com satânico sorriso, — já chegaste a tão subido grau de exaltação e romantismo!... isto em uma escrava não deixa de ser curioso. Eis o proveito que se tira da educação a tais criaturas! *Bem mostras que és uma escrava, que vives de tocar piano e ler romances.* (GUIMARÃES, 2008, p. 55, grifo nosso)

Neste momento, é curioso notarmos a relação intertextual entre *Nação Crioula* e *A escrava Isaura*. Enquanto Ana Olímpia lê filósofos, coetâneos ao entresséculos ou não, Isaura se debruça sobre romances folhetinescos, tão em voga durante a primeira metade do século XIX. O repertório livresco dessas personagens traduz, em certa medida, seus contornos psíquico-sociais. Ana Olímpia possui uma formação típica do homem do fim do século XIX; Isaura, em contrapartida, *significa* o arquétipo de personagem romântica.

Em síntese, no plano das similaridades entre as heroínas, despontam a origem escrava e a europeização cultural. No plano das divergências, podemos citar o repertório de cada personagem, segundo as ideologias que as encerram. Ademais, Isaura, ao contrário de Ana Olímpia, não possui tantos matizes em sua narrativa. Sua trajetória, menos complexa que a criação agualuseana, pode ser resumida a três condições básicas: escrava educada na casa-grande, fugitiva e escrava alforriada.

Para nossa pesquisa, ainda é necessário que retomemos a descrição física de Isaura. A protagonista romântica é, durante vários momentos da narrativa, exaltada por sua beleza *sui generis*. Essa particularização é resultante de uma questão estritamente étnica: embora seja escrava, Isaura é branca[22].

Há, nesse sentido, considerando os limites narrativos da época, uma quebra de paradigma. Ainda que o título do romance evidencie o *status* de Isaura, sua narrativa acontece, sobretudo, na casa-grande e no campo, não na senzala. Dada essa informação, por meio de falas de alguns personagens, como Martinho, André e Álvaro, o narrador comunica-nos a estranheza que existe em considerar Isaura escrava. No trecho abaixo, por exemplo, presenciamos uma discussão entre André, pajem dos escravos de Leôncio, e Rosa, ex-amásia do antagonista:

> [Rosa] – Se tens saudades do tempo de Isaura, vai lá tirá-la do quarto escuro do tronco, onde ela está morando. Esse decerto ela não há de ter gosto para enfeitá-lo de flores.
> [André] – Cala a boca, Rosa; olha que tu também lá podes ir parar.

22. Segundo Bosi, parte da fortuna crítica de Bernardo Guimarães aventou a possibilidade de haver preconceito racial em *A escrava Isaura*. Sobre isso, escreve o teórico: "Seria néscio falar em "preconceito" [em *A escrava Isaura*] como atitude etnicamente responsável. Pelo contrário, em *Rosaura, a Enjeitada*, obra da maturidade, Bernardo chegou a dizer: "Em nossa terra é uma sandice querer a gente gloriar-se de ser descendente de ilustres avós; é como dizia um velho tio meu: No Brasil ninguém pode gabar-se de que entre seus avós não haja quem não tenha puxado flecha ou tocado marimba." O que explica a beleza "branca" de Isaura é a permanência de padrões estéticos europeus." (BOSI, 2006, p. 144).

> [Rosa] – Eu não que não sou fujona.
> [André] – Por que não achas quem te carregue, se não fugirias até com o diabo. Coitada da Isaura! *Uma rapariga tão boa e tão mimosa, tratada como uma negra da cozinha! e não tens pena dela, Rosa?*
>
> (GUIMARÃES, 2008, p. 111, grifo nosso)

Durante toda a narrativa, Isaura não é vista como uma escrava qualquer, devido a seus atributos: bela, branca, educada, "mucama de luxo", prendada e favorita por todos. Daí pensarmos em uma modesta ruptura narrativa dos valores reinantes no final do século XIX.

Na verdade, Bernardo Guimarães, um "exímio contador de histórias"[23], ainda estava ligado às apeias estetizantes de seu tempo. De certo modo, o tom de denúncia da escravidão tornou-se coadjuvante a questões relacionadas à trama romanesca.[24] Quer dizer: tal como Castro Alves fizera na poesia, o autor de *A escrava Isaura* preocupou-se em criticar a estrutura escravocrata, mas faltou-lhe romper com o Romantismo, cujo público-leitor era composto, majoritariamente, por interessados em literatura folhetinesca. Bernardo Guimarães visava alcançar seus receptores por meio dos recursos típicos da fabulação de natureza popular.[25] Em oposição à subserviência de Isaura, que se desdobrará em todo o romance, Agualusa propõe uma ruptura com o senso comum, por meio de Ana Olímpia. Essa proposta ocorre devido à já mencionada matização da personagem: de escrava a traficante de escravos; de traficante de escravos à ativa abolicionista. Reconhecendo em Ana Olímpia uma peça-chave do processo de retrovisão histórica, o narrador-criador de *Nação Crioula* faz uso de um recurso narrativo modernamente teorizado: a polifonia. Trata-se da última carta do romance agualuseano, intitulada "Carta da senhora Ana Olímpia, comerciante em Angola, ao escritor português Eça de Queiroz. Luanda, Agosto de 1900".[26] Nessa etapa do texto, quem narra é Ana Olímpia:

> Aquelas [cartas] que agora lhe envio, recolhidas entre as muitas que Fradique me escreveu ao longo de vinte anos (e às quais junto outras dirigidas a Madame de Jouarre e que ela recentemente me ofereceu), contam uma história que talvez a si, e aos leitores europeus, pareça

23. ALENCAR, H. José de Alencar e a ficção romântica. In: *A Literatura no Brasil: a era romântica.* 6.ed. rev. e atual. São Paulo: Global, 2002, p. 271.

24. Em prefácio do livro *A escrava Isaura,* intitulado "Fada? Anjo? Deusa? Escrava", Maria Nazareth Soares Fonseca registra: "Embora [o romance] trate do grave problema social e humano, a escravidão negra no Brasil, o tema fundamental do romance é o amor, melhor dizendo, os sofrimentos do amor. Amor da infeliz escrava impedida de amar livremente a quem escolhesse; amor egoísta do seu senhor, incapaz de admitir que, sendo dono da escrava, não era, necessariamente, dono de seu coração." (GUIMARÃES, 2008.p. 3)

25. BOSI, p. 143.

26. *Nação Crioula,* p. 137.

> um tanto extraordinária. *Não é a história de minha vida. É a história da minha vida contada por Fradique Mendes*. Conseguirá V. compreender a diferença? (AGUALUSA, 2007, p. 138, grifo nosso)

Ana Olímpia é a única personagem, excetuando Fradique, a cuja voz temos acesso. Nessa carta, a heroína quer clarificar seu desejo de ser detentora da própria narrativa. Essa possibilidade de repensar a História, entendida como um discurso subjaz à teoria da *metaficção historiográfica:*

> A metaficção historiográfica refuta os métodos naturais, ou de senso comum, para distinguir o fato histórico e a ficção. Ela recusa a visão de que apenas a história tem uma pretensão à verdade, por meio do questionamento da base dessa pretensão na historiografia e por meio da afirmação de que tanto a história quanto a ficção são discursos, construtos humanos, sistemas de significação, e é a partir dessa identidade que as duas obtêm sua principal pretensão à verdade. (HUTCHEON, 1995, p. 127)

O refutar o senso comum e a "Verdade absoluta", buscando *certa* verdade, está no cerne de *Nação Crioula*. Esse exercício de Agualusa ocorre no plano da narrativa e no plano da narração. Em primeiro lugar, porque, em vez de recorrer à banal oposição "europeu escravocrata x africano escravizado", o narrador-criador subverte: quem escraviza é o negro. Em segundo lugar, porque o leitor, ao cabo da narrativa, é informado sobre a inverdade que acabou de ler. Ou seja: a História é ressignificada sob outra perspectiva.

Comparar Ana Olímpia com Isaura permite-nos perceber as vicissitudes do texto literário, diacrônica e intertextualmente. O abolicionismo modesto de *A escrava Isaura* entrecruza-se com a proposta pós-moderna de Agualusa de repensar a História, recontando-a. Eis uma possibilidade de promovermos o trânsito Brasil-Angola.

Conclusão: desfazendo alguns nós

Entrelaçados os nós intertextuais, prosseguimos nossa viagem. Nosso ponto de chegada é o tema do romance *Nação Crioula*. Para isso, remetemo-nos ao primeiro elemento periférico do texto: seu título. Nele, residem dois conceitos fundamentais para compreender a ideologia da obra agualuseana. Em primeiro lugar, vejamos o conceito de nação, segundo o *Dicionário Aurélio virtual*:

> *Nação*: s.f. Comunidade humana, fixada em sua maioria num mesmo território. Língua, origem e história comuns, assim como uma cultura também comum, caracterizam geralmente uma nação. Nação é um termo vago; a nacionalidade existe porque um determinado grupo se considera formador de uma nação. As nações que se governam a si mesmas, independentemente, formam estados[27].

Embora o próprio dicionário assuma que há uma amplitude semântica em torno deste léxico, para nossa pesquisa, interessa-nos a acepção de "língua, origem e história comuns, assim como uma cultura também comum". São o componente linguístico e histórico bastidores em que a narrativa de *Nação Crioula* é tecida. Nesse sentido, é importante ressaltar a importância da língua portuguesa como instrumento para estabelecer todos os diálogos intertextuais e como canal para a comunicação entre as próprias personagens. Não por acaso, portanto, a relevância linguística é também expressa no conceito de *crioulo*:

> *Crioulo*: adj. e s.m. Diz-se de, ou pessoa de raça branca, nascida nas mais antigas colônias europeias (Antilhas, ilha Bourbon etc.). / Outrora, negro nascido na América; atualmente, qualquer homem negro. / Escravo nascido na casa do senhor. / Bras. (RS) O natural (de qualquer região do Estado). / Cigarro feito de palha e fumo de rolo. / Dialeto falado pelos habitantes de antigas colônias europeias na América (sobretudo nas Antilhas). / *Português falado em colônias ou possessões portuguesas da África.* / Diz-se de uma galinha comum. / Diz-se de uma variedade de cana-de açúcar[28]. (Grifo nosso)

O adjetivo *crioulo*, tal qual o substantivo a que se refere no título, possui diversos significados. No entanto, grande parte deles pode ser abarcada dentro do romance. Em "diz-se de, ou pessoa de raça branca, nascida nas mais antigas colônias europeias", podemos antever a personagem Arcénio de Carpo, filho. Este percorrerá a narrativa, chegando a seu desfecho, quando se casa com Ana Olímpia. Ou seja: mesmo que coadjuvante, sua presença na obra não é limitada a poucas cenas. Ao narrar a estória da personagem, o narrador registra o casamento entre o português Arsênio de Carpo, pai, e uma escrava. Desse relacionamento, nascerá Arcénio, filho. Logo, é possível argumentar que se trata de um caso de mestiçagem. Conquanto não saibamos se Arcénio – filho – seja, de fato, branco, dada sua origem, sabemos tratar-se de alguém que personifica o encontro entre as raças branca e negra.

Somada à acepção acima, em "escravo nascido na casa do senhor", podemos incluir outra personagem: Ana Olímpia. Segundo o narrador, Ana nasceu na casa

27. *Dicionário do Aurélio*. Disponível em: http://www.dicionariodoaurelio.com/Nacao. Acesso em: 8 out. 2010.
28. *Dicionário do Aurélio*. Disponível em: http://www.dicionariodoaurelio.com/Crioulo. Acesso em: 8 out. 2010.

de Victorino Vaz de Caminha, senhor de sua mãe. Mais uma vez, pois, Agualusa cria uma personagem que, por meio de sua biografia ficcional, incorpora o conceito de *crioulo.*

Por fim, em "outrora, negro nascido na América", revemos o conceito de mestiçagem. Em *Nação Crioula*, essa última carga semântica é personificada pela personagem Sophia, filha de Fradique e Ana Olímpia. Sobre seu nascimento, lemos em "Carta a Madame de Jouarre. Engenho Cajaíba, Outubro de 1878":

> Quem lhe escreve esta carta não é mais o ocioso e irresponsável aventureiro que V. viu crescer, vestindo-se nos melhores alfaiates de Paris para ocultar a miserável nudez da alma, pensando com ideias emprestadas, sentindo o mundo com sentimentos alheios, e cujo único projecto de vida era, simplesmente, deixar-se viver. Sou outro! Sou, desde há dois meses, pai de uma belíssima menina à qual, em sua homenagem, chamei Sophia. (AGUALUSA, 199, p. 127)

Além de uma divisora de águas na vida de Fradique, Sophia representa, na cosmovisão de Agualusa, o ideal de mestiçagem. Isso se dá pela conotação encerrada em seu nome. Sophia é uma clara alusão à Σοφία (=*sabedoria*), palavra grega que dá origem ao substantivo próprio. Isto é: o entrecruzamento entre as raças negra e branca é, para o narrador-criador, algo otimista.

Sob a perspectiva metaficcional historiográfica, esse momento do entrecho de *Nação Crioula* remonta-nos a outro romance canônico da literatura brasileira. Trata-se de *Iracema* (1878), de José de Alencar. Nesta obra, o resultado da mestiçagem formatada pelas raças brancas, do colonizador europeu, e indígena, dos ameríndios, resulta em Moacir, filho de Martim e da detentora do segredo da Jurema. A fim de estabelecermos um diálogo intertextual entre os romances romântico e pós-moderno, vejamos o momento em que a índia tupi reflete sobre o nome dado a seu filho:

> Iracema, sentindo que se lhe rompia o seio, buscou a margem do rio, onde crescia o coqueiro.
> Estreitou-se com a haste da palmeira. A dor lacerou suas entranhas; porém logo o choro infantil inundou sua alma de júbilo.
> A jovem mãe, orgulhosa de tanta ventura, tomou o tenro filho nos braços e com ele arrojou-se às águas límpidas do rio. Depois suspendeu-o à teta mimosa; seus olhos então o envolviam de tristeza e amor.
> — Tu és Moacir[1], *o nascido de meu sofrimento.* (ALENCAR, 1983, p. 79, grifo nosso)

Em Moacir, ao contrário da Sophia de Agualusa, não entrevemos uma posição favorável à mestiçagem. Para José de Alencar, o entrecruzamento entre as raças europeia e indígena não resultou em algo construtivo. De acordo com o autor romântico, o colonizador, já no momento de chegada ao Brasil, impôs-se violentamente ao ameríndio. Essa violência, incorporada à trama folhetinesca de *Iracema*, aparece na forma como o português suplantou a religião e o sentimento de pertença às terras brasileiras, outrora domínio exclusivo do índio.

A fim de corroborar essa ideologia opositora à mestiçagem, Alencar registra uma nota de rodapé (1), em seguida à palavra "*Moacir*", onde lemos: "Moacir: filho do sofrimento, de *moacy* – dor, e *ira*, desinência, que significa – saído de." (ALENCAR, 1983, p. 79)

Assim, fica clara a visão do escritor indianista acerca da mistura inter-racial, sinônimo de dor e de sofrimento.

Intertextualmente opera-se, no interior de *Nação Crioula* e de *Iracema*, uma dicotomia: para o autor pós-moderno, o europeu, o africano e o americano colonizado são constituintes de uma só raça – a crioula; segundo Alencar, entretanto, a mestiçagem é limitada à mistura entre o homem do Velho Mundo com o habitante original do Novo Mundo.[29] Isso ocorre devido ao ampliado entrecruzamento de textos que, historicamente, foi construído e chegou à contemporaneidade, momento em que José Eduardo Agualusa escreve.

O tripé europeu-africano-americano, portanto, está na base do conceito de *crioulo* que permeia o romance agualuseano. Esse trinômio é sustentado pelo componente linguístico, como enunciamos. Desse modo, podemos falar, então, de *lusofonia*. As personagens de *Nação de Crioula* são todas representações de um mundo lusófono, expresso pela língua portuguesa. Eis o construto promotor daquilo que chamaremos de *identidade lusófona* – tema do romance.

De certo modo, tematizar *Nação Crioula* não é das tarefas mais árduas. No prefácio à obra, Hermano Vianna escreve:

> José Eduardo Agualusa me contou que entre os motivos que levaram-no a escrever *Nação Crioula* estava o desejo de repensar a grande e intensa relação entre Angola e o Brasil, incluindo aí a importância dessa relação para a constante criação das identidades culturais brasileiras e angolanas contemporâneas. (AGUALUSA, 1997, p. 8)

Ainda que o autor do prefácio tenha se restringido à relação entre África e Brasil, na esteira do que lhe dissera Agualusa, não podemos nos furtar da impor-

29. Dadas as limitações deste artigo, não nos deteremos em explicar o porquê de José de Alencar não se referir à importância do africano na construção de uma identidade nacional, em toda sua obra. No entanto, segundo parte de sua fortuna crítica, o escritor era escravocrata (BOSI, 2006, p. 135). Daí a valorização do índio, tão em voga com o *mito do bom selvagem rousseauno*, em detrimento do negro colonizado.

tância de Portugal nessa relação. Afinal, foi à metrópole portuguesa o veículo de junção entre os outros dois povos. Posto isso, a *lusofonia* como meta para a redação do romance pode ser comprovada na fala do próprio autor: "Ao escrever *Nação Crioula,* tentei ir um pouco mais além [do que fizera com os romances históricos *A conjura e Estação das Chuvas], em busca da matriz de uma identidade lusófona.*" (*JORNAL DO BRASIL.* Rio de Janeiro: Cultura, 19 ago. 1998, grifo nosso)

Em meio a essa identidade una, sobressai, contudo, a força do negro em *Nação Crioula.* Por meio da voz de Fradique, o narrador-criador manifesta sua crítica ao processo colonizatório, no qual o africano, a despeito do descaso do colonizador, "coloniza-se". É isso que visualizamos em "Carta a Eça de Queiroz. Paris, Outubro de 1888":

> [...] A nossa presença em África não obedece a um princípio, a uma ideia e nem parece ter outro fim que não seja o saque dos africanos. Depositados em África, os infelizes colonos portugueses tentam em primeiro lugar manter-se na sela, isto é, vivos e roubando, pouco lhes importando o destino que o continente leva. E Portugal, tendo-os depositados, nunca mais se lembra deles. Uns tantos, assim esquecidos, depressa perdem a memória da pátria e em pouco tempo se cafrealizam. Esses são os mais felizes. Entranham-se pelo mato (<<Deus é grande>>, costuma dizer <<mas, o mato é maior>>) e assim como trocam as calças e as camisas por manta de couro, da mesma forma abandonam a língua portuguesa, ou usam-na em farrapos, de mistura aos sonoros idiomas de África. (AGUALUSA, 1997, p. 132)

Tematizado o romance, é necessário ainda refletir sobre a importância desse tema para seu momento histórico de produção. A década de 90, quando *Nação Crioula* (1997) foi escrito, é marcada pela fragmentação que ensejará o próximo século. No mundo lusófono, trata-se de uma ocasião em que os países de expressão portuguesa comemoram os quinhentos anos das grandes navegações. Foi, por meio delas, afinal, que se deu o primeiro passo para a implementação de colônias pela metrópole portuguesa. Isso é elucidado por SOUSA:

> Em Portugal, em torno das comemorações dos quinhentos anos das viagens ultramarinas – que tiveram como um de seus resultados a colonização do Brasil – se constitui uma literatura voltada para a reflexão sobre o modo como se efetivaram os encontros entre os portugueses e os povos que os receberam. No Brasil, a tumultuada "Comemoração dos 500 anos do Descobrimento", apesar de não ter mobilizado grande parte da população, tornou mais evidente a recusa em se compreender o povo brasileiro como resultado da mis-

> tura harmoniosa de índios, brancos e negros. Se o Governo Federal planejou uma festa em que a ideia principal seria a de uma nação una, a manifestação dos sujeitos sociais evidenciou a consciência de que somos um país cindido, alicerçado na exclusão social." (SOUSA, 2006, p. 16-17)

Ainda que imersos em um clima de euforia, instalado pelos governos brasileiro e português, houve, todavia, a manifestação contrária de alguns atores sociais à fala, tida como senso comum, de que a mestiçagem em solo brasileiro tenha ocorrido sem traumas. Nesse repensar da miscigenação, sob uma perspectiva histórica (que Focault denomina de *Nova História*), Agualusa escreve seu *Nação Crioula*. Não é à toa, pois, que o romancista se refere aos traumas desse processo formador da identidade brasileira, na já citada entrevista ao *Jornal do Brasil*, em 1998 (um ano após a publicação da primeira edição do romance em âmbito):

> Enquanto no Brasil todos os negros e mestiços são descendentes de escravos, já as elites de nossa sociedade crioula, em Angola, têm origem nas antigas famílias escravocratas. Essas famílias controlam hoje, como acontecia no século 19, o poder econômico e, em parte, o poder político. Como nunca houve no Brasil programas de apoio à ascensão social dos afro-descendentes ser negro, aqui, equivale a ser pobre, e isso favorece o preconceito racial. (JORNAL DO BRASIL, 19 ago. 1998)

A Angola dos anos 90 é também cenário a ser observado, para compreendermos o processo de produção do romance agualuseano. Sobre isso, em "Do pós-colonialismo Angolano ao Decadentismo Português"[30], Salete de Almeida Cara resume desse modo, o século XX na ex-colônia portuguesa:

> A partir dos anos 30 do século XX, Portugal foi o mediador do acesso aos recursos naturais pelo capital internacional. Depois dos anos 1970, esse capital já financiava, de um lado a guerrilha interna pós-Independência, mas de outro (e ao mesmo tempo), explorava o petróleo e os diamantes por todo o país, indicando claramente que a Guerra Fria já tinha um vencedor. Capital que continuou atuando através do Consenso de Washington, adotado nos anos 1990 pelo governo angolano. Não é de pouca monta, portanto, a complexidade da matéria que vem soldando o romance angolano, até há pouco empenhado na construção de uma nação que, cada vez mais, serve melhor aos outros quanto pior está. (CHAVES, 2004, p. 107)

30. ABDALA & SCARPELLI, 2004, p. 105-114.

O Consenso de Washington é resultado de uma série de políticas econômicas, resumidas em dez "regras básicas", formuladas pelo FMI (Fundo Monetário Internacional), pelo Banco Mundial e pelo Departamento de Tesouro dos Estados Unidos – órgãos localizados, todos, em Washington D.C (Estados Unidos da América). O embasamento teórico dessas regras foi constituído pelo economista norte-americano John Williamson do *Internacional Institute for Economy*. Entre as dez regras, podemos citar a disciplina fiscal, a reforma tributária e a redução de incentivos públicos. Na verdade, o Consenso de Washington representou os alicerces da economia neoliberal. Esse plano econômico visava ao desenvolvimento, sobretudo, de países do Terceiro Mundo. Entre eles, podemos citar Brasil, Angola e Moçambique – nações em que o neoliberalismo foi incorporado plenamente.

Conforme nos aponta Cara, no trecho acima, a intervenção norte-americana em Angola, seja no projeto de independência de 1975, seja na prática neoliberal, resultou em fracasso e frustração. Falamos em frustração, porque toda a expectativa gerada no início dos anos 1990, segundo a qual Angola se tornaria uma nação emergente, não se consolidou.

Talvez, Agualusa, percebendo que as intervenções norte-americanas conduziram Angola a um status quo de imobilidade econômica-política, propõe uma re-escrita histórica. Em seu exercício de retrovisão, o escritor sugere, em vez de uma relação baseada na exploração, um diálogo entre países lusófonos. Isto é: para a construção de uma Angola, de um Brasil e de um Portugal mais fortes, é necessário que haja troca entre esses países crioulos. Utopicamente, sairiam de cena os Estados Unidos da América, levando sua língua e cultura de exploração de volta ao continente americano, e, em seu lugar, estabelecer-se-ia a *nação crioula* que dá título ao romance de Agualusa.

Cumpre-nos ressaltar que a utopia sugerida pelo romancista é, *grosso modo*, uma via de mão dupla. Não se trata de ajuda econômica, oriunda de um país mais desenvolvido, a um país menos desenvolvido. Trata-se, com efeito, de uma relação de ajuda mútua, favorecida pelo idioma e pela identidade crioula em comum.

Dito isso, podemos concluir que a qualidade de *Nação Crioula* está além de seu enredo e de suas personagens. Fora do cenário estritamente literário, o romance possui méritos de ordem ideológica. A utopia de Agualusa, afinal, provoca-nos a pensar sobre uma identidade lusófona que não foi assimilada, harmonicamente, em nossa cultura. Nesse sentido, Agualusa é, além de um literato, alguém que abre constantes diálogos. Ao ler *Nação Crioula*, estabelecemos um processo de interação com a História e a Historiografia literária. Esse processo pode abarcar diferentes níveis, consoante o repertório do interlocutor. Entretanto, trata-se de uma relação imposta pelo próprio texto. Ali, estão outros intertextos, personagens históricos e conceitos sociológicos em trânsito luso-afro-americano.

E outros nós são tecidos...

Diante de tantos nós e deixas narrativas, lançadas pelo texto agualuseano, sugerimos, a partir daqui, alguns desdobramentos para futuras pesquisas.

O primeiro deles é a análise comparativa de *Nação Crioula*, pelo viés do gênero *romance epistolar*, com o romance *As relações perigosas (Les Liaisons Dangereuses)*, de Choderlos de Laclos. Publicado em 1872, poucos anos antes da Revolução (1889), a obra francesa traz em seu bojo uma crítica à nobreza de sua época. Suas personagens, em vez de mitificadas, são retratadas, em sua maioria, como luxuriantes, sem escrúpulos e invejosas. A despeito do escândalo provocado na elite francesa, a maior contribuição da obra à literatura universal deve-se à sua estrutura narrativa. No lugar de capítulos, de Laclos optou por cartas (*lettres*). Inaugura-se, assim, o romance epistolar.

Nesse diálogo intertextual, é possível problematizar as características que promovem, no interior desse subgênero literário, a construção de um mosaico social. Tanto em *As relações perigosas*, quanto em *Nação Crioula*, podemos visualizar os atores que compõem, naquele, a nobreza decadente francesa, e, neste, a elite angolana e a sociedade abolicionista brasileira.

Outro desdobramento, sob a perspectiva metaficcional historiográfica, é verificar a influência da sociologia freyreana em *Nação Crioula*. Embora a sexualização do negro, bastante explorada por Gilberto Freyre em *Casa-Grande e senzala* (1933), não apareça de modo tão acentuado no romance agualuseano, trata-se de um intertexto que dialoga parcial e diretamente com a ideologia do romancista angolano. Como enunciado acima, Agualusa destaca, dentre o trinômio europeu-africano-americano, a importância do negro na formatação de uma identidade verdadeiramente brasileira, algo em consonância com a tese de Freyre.

Por fim, antevemos em *Nação Crioula* o uso de um recurso que, durante os últimos vinte anos, tem sido amplamente usado por escritores pós-modernos. Trata-se da inserção de escritores canônicos em obras ficcionais. Essa inserção, entretanto, não ocorre como uma mera menção. Com efeito, o exercício do narrador-criador pós-moderno desdobra-se à ficcionalização do escritor, que transitará no texto como uma personagem. Esse exercício, então, compreende dois movimentos básicos: inserção e ficcionalização. No romance de Agualusa, o autor escolhido é Eça de Queir(oz)(ós). Sua participação, ainda que minimizada se em comparação com em *A correspondência...*, é a de interlocutor de Fradique, narrador em apenas um trecho do romance (na verdade, excerto retirado de *A correspondência...*)[31] e pseudoeditor da obra.

31. Trata-se do anúncio da morte de Fradique Mendes. Nesse momento, o narrador deixa de ser o próprio Fradique e, em seu lugar, surge a voz de Eça de Queirós. O narrador-criador, então, opera uma intertextualidade deliberada, ao transcrever o texto eciano: " <<Assim, cheio de ideias, de delicadas ocupações e de obras amáveis, decorrem os

Esse processo de inserção e ficcionalização parece-nos ainda à espera de um maior aprofundamento. Falta-lhe, por exemplo, um corpo teórico que possa nos subsidiar. Contudo, não podemos, após a leitura de *A correspondência*... e de *Nação Crioula,* furtar-nos de fazer esse apontamento, com vistas à pesquisa.

Na verdade, esse processo que, parece-nos, foi inaugurado por Eça de Queiroz em 1900 (lembremo-nos de que o escritor se coloca na função de personagem na primeira parte de *A correspondência*... – biografia de Fradique Mendes), possui desdobramentos na literatura brasileira pós-moderna. Um exemplo disso é grande parte da obra da escritora baiana Ana Miranda, autora de *Boca do Inferno* (1989), *A última quimera* (1995), *Clarice* (1999) e *Dias e Dias* (2002). Em cada um desses romances, o protagonista é um escritor brasileiro: Gregório de Matos (1989), Augusto dos Anjos (1995), Clarice Lispector (1999) e Gonçalves Dias (2002). Em relação a isso, Morais escreve:

> Estas obras [os romances de Ana Miranda] ilustram os romances da atualidade que, ao tratarem da história, são ficcionistas e historiadores que entram pelas fendas da história, aproveitando-se da liberdade do mundo ficcional para reescreverem fatos canonizados pela história. (MORAIS, 2003, p. 3)

Ou seja, para Morais, esse recurso pós-moderno vai ao encontro da teoria da metaficção historiográfica proposta por Hutcheon. Reescreve-se a história, pois, por meio daqueles que construíram os discursos histórico-literários do passado.

Esse expediente pós-moderno paira como uma possível tendência epocal. Dizemos isso, em base de três romances escritos em língua inglesa, das últimas décadas: o sul-africano *Foe* (1986), de Michael Coetzee; e os norte-americanos *Nunca lhe apareci de branco* (*I never came to you in White*, 1996), de Judith Farr e *As Horas* (*The hours*, 1998), de Michael Cunningham.

Seguindo uma ordem cronológica de publicação, sobre *Foe*, Linda Hutcheon escreve:

> Coetzze apresenta a instigante ficção de que [Daniel] Defoe não escreveu *Robinson Crusoe* a partir de informações dadas por um homem náufrago histórico, Alexander Selkirk, ou provenientes de outros relatos de viagem, mas a partir de informações que lhe haviam sido prestadas por uma mulher subsequentemente "silenciada", Susan Burton, que também fora náufraga na ilha de "Cruso".

verdadeiros anos de Fradique Mendes em Paris, até que no inverno de 1888 a morte o colheu sob aquela forma que ele, como César, sempre apetecera – *inopinatam ataque repentinam.* [...] O Dr. Labert declarou que fora uma forma raríssima de pleuris. E acrescentou com um exacto sentimento das felicidades humanas: "Toujours de la chance, ce Fradique." >> " (AGUALUSA, 2007, p. 135, grifo original de Eça de Queiroz).

> Foi Cruso quem sugeriu que ela contasse sua estória a um escritor que acrescentaria "uma pitada de cor" a seu relato. (HUTCHEON, 1995, p. 143)

Neste romance, o escritor Daniel Defoe é transformado em uma personagem literária que, em vez de escrever *Robinson Crusoe*, tal como nos ensina a Historiografia Literária, foi editor e escriba de uma mulher comum, Susan Barthon. Nesse jogo intertextual, Coetzze traz à baila um questionamento: "onde estão as mulheres nas tradicionais histórias do século XVIII?" (HUTCHEON, 1995, p. 143).

Nos anos 90, a escritora Judith Farr lançou-se à escrita de uma biografia romanceada da poetiza norte-americana Emily Dickinson, em *Nunca lhe apareci de branco.* Para tal, recorreu às cartas escritas por Dickinson (hoje, sob cuidados da Universidade de Harvard) para reescrever a narrativa pessoal da autora romântica. O que é curioso nesse diálogo é a mescla de vestígios intertextuais – as cartas escritas pela poeta – com a fabulação de Farr. Ao ler *Nunca lhe apareci de branco*, o leitor não é informado pelo narrador-criador sobre os limites entre o factual e o inventado. Nesse caso, Emily Dickinson é uma junção da poeta e da expressão de sua interlocutora/narradora pós-moderna.

Ainda em 1998, deparamo-nos com *As Horas,* de Michael Cunningham. Neste romance, a inserção / ficcionalização de cânones da literatura é mais complexa. Consoante à poética pós-moderna, na qual impera a *fragmentação* da narrativa, Cunningham cria uma estória em que três mulheres, em épocas diversas (anos 1920, anos 1950 e anos 2000) e locais distintos (Sussex – condado britânico, Los Angeles e Nova Iorque) passam por um processo de catarse em um único dia. Entremeando essas narrativas, está o romance *Mrs. Dalloway* (1925), de Virginia Woolf. A escritora inglesa é, tal como nos romances citados acima, incorporada à narração de Cunningham, em três níveis: como personagem, na Inglaterra do pós-Primeira Guerra Mundial (mais precisamente, 1924); como extensão da personagem Clarice (primeiro nome de Mrs. Dalloway), que se vê sob a influência da personagem homônima do romance de Woolf e não autora de sua própria narrativa; e, finalmente, como paradigma estilístico do narrador criador, ao descrever suas personagens. Nessa retomada estilística, insere-se Mrs. Brown, cuja vida, com todos seus papéis sociais, é repensada no dia do aniversário de seu marido[32].

32. Em relação a esse procedimento estilístico usado por Cunningham, lemos em Young: *"Michael Cunningham has described The Hours (1998) as a "riff" on Virginia Woolf's* Mrs. Dalloway (1925). In its suggestions of a known melody reverberating throughout a new score, this musical definition is more compelling than some of the literary terminology – "imitation", "homage" – that critics have used to describe it. For Cunningham has done more than simply rewrite Woolf's novel. He has updated it ("Mrs. Dalloway"), inserted Woolf as author and character within it ("Mrs. Woolf"), and in the third narrative component embodied her theories of characterization in modern fiction ("Mrs. Brown")." (Michael Cunningham descreveu *As Horas* (1998) como uma adição musical a *Mrs. Dalloway* (1925) de Virginia Woolf. Nessa sugestão de uma melodia conhecida que reverbera por meio de uma nova composição, essa definição musical é mais precisa do que qualquer terminologia literária – "imitação", "homenagem" – que críticos têm usado para descrevê-lo [o romance *As Horas*]. Ele [Cunningham] atualizou-o ("Mrs. Dalloway"), inseriu Woolf como autora e personagem dentro dele ("Mrs. Woolf"), e em um terceiro componente narrativo, deu corpo

Assim, podemos comprovar como a inserção/ficcionalização da personagem é um traço epocal bastante utilizado na literatura pós-moderna, tanto na literatura de expressão portuguesa quanto na literatura de expressão inglesa.

às teorias de Woolf sobre a caracterização na moderna ficção ("Mrs. Brown") (YOUNG, 2003, p. 33).

Referências

ABDALA, B.; SCARPELLI, M. F . (Orgs.). *Portos flutuantes:* trânsitos ibero-afro-americanos. 1. ed. Cotia: Ateliê, 2004.

AGUALUSA, J. E. *Nação Crioula*: a correspondência secreta de Fradique Mendes: romance. 2. ed. Rio de Janeiro: Gryphus, 2007.

ALENCAR, H. José de Alencar e a ficção romântica. In: *A Literatura no Brasil*: a era romântica. 6. ed. rev. e atual. São Paulo: Global, 2002.

ALENCAR, J. *Iracema*. 14. ed. São Paulo: Ática, 1983.

BOSI, A. *História concisa da literatura brasileira*. 43. ed. São Paulo: Cultrix, 2006.

BRAIT, B. *A personagem*. 1. ed. São Paulo: Ática, 1985.

COUTINHO, A (Org.). *A Literatura no Brasil: era romântica: v. IV.* 6. ed. São Paulo: Global, 2002.

FARR, J. *Nunca lhe apareci de branco.* Tradução Waldéa Barcellos. Rio de Janeiro: Rocco, 1998.

PROENÇA FILHO, D. *Pós-modernismo e literatura*. 1. ed. São Paulo: Ática, 1988.

GUIMARÃES, B. *A escrava Isaura.* 28. ed. São Paulo: Ática, 2008.

HOBSBAWN, E. J. *Era dos Extremos;* o breve século XX: 1914-1991. Tradução Marcos Santarrita. 1. ed. São Paulo: Cia. das Letras, 1995.

HUTCHEON, L. *Poética do pós-modernismo*: história, teoria, ficção. Tradução Ricardo Cruz. Rio de Janeiro: Imago, 1995.

LACLOS, C. *As Relações Perigosas.* Tradução Sérgio Millet. 1. ed. São Paulo: Abril, 1971.

LOPES, O.; SARAIVA, A. J. *História da Literatura Portuguesa*. 17. ed. Porto: Porto, 2001.

MIRANDA, A. *Boca do Inferno*: romance. 2. ed. São Paulo: Cia. das Letras, 1995.

_________. *Clarice.* 1. ed. São Paulo: Cia. das Letras, 1999.

_________. *Dias e Dias.* 1. ed. São Paulo: Cia. das Letras, 2002.

MOISÉS, M. *A Literatura Brasileira através dos textos.* 25. ed. São Paulo: Cultrix, 2007.

_________. *A Literatura Portuguesa*. 36. ed. São Paulo: Cultrix, 2008.

_________. *A Literatura Portuguesa em Perspectiva.* 1. ed. São Paulo: Atlas, 1994.

__________. *Dicionário de termos literários*. 4. ed. São Paulo: Cultrix, 1985.

QUEIRÓS, E. *A Correspondência de Fradique Mendes (Memórias e Notas)*. Porto: Lello & Irmão, 1966.

SACRAMENTO, M. *Eça de Queirós — Uma Estética da Ironia*. 1. ed. Coimbra: Coimbra, 1945.

SIMÕES, J. G. *Eça de Queirós por João Gaspar Simões*. Rio de Janeiro: Agir, 2005.

SOUSA, A. *De mares e travessias*: três romances, três viagens. Tese de Doutorado defendida no Curso de Pós-Graduação em Letras da Universidade Federal Fluminense. Niterói: Universidade Federal Fluminense, 2006.

YOUNG, T. *Michael Cunningham's The hours: a reader's guide*. New York: Continuum Contemporaries, 2003.

Sítios da internet

CHAVES, Rita. O passado presente na literatura africana, *Via Atlântica*, n. 7, p. 147-161, out. 2004. São Paulo: Departamento de Letras Clássicas e Vernáculas da Faculdade de Filosofia, Letras e Ciências Humanas da Universidade de São Paulo. Disponível em: http://www.fflch.usp.br/dlcv/posgraduacao/ecl/pdf/via07/via07_13.pdf. Acesso em: 6 set. 2010.

MORAIS, E.; MIRANDA, A. Dias e Dias (resenha), *Revista Letras*, n. 60, p. 457-459, jul./dez. 2003. Curitiba: Universidade Federal do Paraná. Disponível em: http://www.letras.ufpr.br/documentos/pdf_revistas/aemoraes.pdf. Acesso em: 8 out. 2010.

UNIVERSIDADE Federal do Paraná. Sistema de Bibliotecas. *Normas para apresentação de documentos científicos. Curitiba*: UFPR, 2010. Disponível em: http://www.ead.fea.usp.br/cad-pesq/arquivos/uniformizacao_artigos.pdf. Acesso em: 10 nov. 2010.

Sobre os Autores

Camila de Oliveira Sandre

Pós-Graduada em Estudos Linguísticos e Literários de Língua Portuguesa pelo Centro Universitário Fundação Santo André – CUFSA.
Licenciada em Letras (Português/Inglês) pelo Centro Universitário Fundação Santo André – CUFSA.
Atua como professora de língua inglesa na rede privada de ensino.

Daiane Lima

Licenciada em Letras (Português/Inglês) no Centro Universitário Fundação Santo André – CUFSA.
Atua como professora particular de língua espanhola.

Diego Satyro

Pós-graduado em Língua Inglesa na Universidade Estadual de São Paulo – Unesp.
Licenciado em Letras (Português/Inglês) pelo Centro Universitário Fundação Santo André – CUFSA.
Atua como professor de língua inglesa do Governo do Estado de São Paulo e da Prefeitura de São Bernardo do Campo.

Diomar Viegas

Pós-graduada em Estudos Linguísticos e Literários de Língua Portuguesa ; licenciada em Letras (Português/Inglês), ambas pelo Centro Universitário Fundação Santo André – CUFSA.

Irene Scótolo

Mestre em Letras pelo Programa de Estudos Linguísticos e Literários de Inglês da Universidade de São Paulo – USP
Docente de Linguística Aplicada e Metodologia Científica em cursos de pós-graduação.
Docente nos cursos de Graduação do Centro Universitário Fundação Santo André – CUFSA.
Responsável pela coordenação do curso de Especialização em Estudos Linguísticos e Literários, no Centro Universitário Fundação Santo André – CUFSA.

Juarez Donizete Ambires

Doutor em Literatura Brasileira pela Universidade de São Paulo – USP.
Docente de Língua e Literatura Portuguesas no Centro Universitário Fundação Santo André – CUFSA.
Docente de Literatura Africana em Língua Portuguesa no Curso de Especialização em Estudos Linguísticos e Literários do Centro Universitário Fundação Santo André – CUFSA.

Kal Prado

Pós-graduado em Língua Portuguesa e Produção Textual pela FAINTVISA – Faculdades Integradas da Vitória de Santo Antão (PE).
Licenciado em Letras (Português/Inglês) pelo Centro Universitário Fundação Santo André – CUFSA.
Atua como professor do CDB – Colégio Diogo de Braga (PE).

Kátia Aparecida Cruzes

Graduada em Letras Português/Inglês pela Fundação Santo André – CUFSA – e em Latim/Italiano pela Universidade de São Paulo – USP.
Mestre em Literatura Latina e Doutora em Literatura Portuguesa pela Universidade de São Paulo – USP.
Docente nos cursos de graduação do Centro Universitário Fundação Santo André – CUFSA.
Docente nos cursos de graduação da Universidade Metodista de São Paulo.

Letícia Carlassara Pontes

Pós-graduada em Estudos Linguísticos e Literários de Língua Portuguesa pelo Centro Universitário Fundação Santo André – CUFSA.

Licenciada em Letras (Português/Inglês) pelo Centro Universitário Fundação Santo André – CUFSA.

Atua como orientadora lúdica e social na Associação Beneficente Lar do Progredir Infinito, em São Bernardo do Campo.

Miriam de Souza Andrade

Pós-graduada em Estudos Linguísticos e Literários no Centro Universitário Fundação Santo André – CUFSA.
Licenciada em Letras (Língua Portuguesa e Literaturas) pela Universidade do Estado da Bahia – UNEB.
Atua como professora do Ensino Fundamental da Prefeitura de São Bernardo do Campo.

Sebastião Haroldo de Freitas Corrêa Porto

Mestre em Filosofia da Educação pela Universidade de São Paulo – USP.
Docente de Filosofia da Educação, História da Educação e Introdução às Ciências Sociais e Políticas no Centro Universitário Fundação Santo André – CUFSA.

Terezinha Ferrari

Doutora em Ciências Sociais; Mestra em História, ambas pela Pontifícia Universidade Católica de São Paulo – PUC/SP.
Graduada em Sociologia e Política pela Fundação Escola de Sociologia e Política de São Paulo.
Professora Centro Universitário Fundação Santo André – CUFSA.
Pesquisadora e escritora nas áreas de Sociologia do Trabalho, Filosofia da Técnica, Desenvolvimento e Planejamento Urbano-cultural com ênfase no estudo das formas de organização do trabalho nas cidades, movimentos e lutas sociais contemporâneas e na substancialidade da técnica como parte das forças produtivas humano-societárias.

Porto
de Idéias
EDITORA

www.portodeideias.com.br